LÜYOU LEI DAXUESHENG
ZHIYE SHENGYA
GUIHUA YU TUOZHAN

旅游类大学生
职业生涯
规划与拓展

陈萍　著

江苏大学出版社
JIANGSU UNIVERSITY PRESS

镇　江

图书在版编目(CIP)数据

旅游类大学生职业生涯规划与拓展 / 陈萍著. — 镇
江 : 江苏大学出版社,2021.9
ISBN 978-7-5684-1653-5

Ⅰ.①旅… Ⅱ.①陈… Ⅲ.①旅游业－大学生－职业
选择 Ⅳ.①F59②G647.38

中国版本图书馆 CIP 数据核字(2021)第 167423 号

旅游类大学生职业生涯规划与拓展
Lüyou Lei Daxuesheng Zhiye Shengya Guihua yu Tuozhan

著　　者/陈　萍
责任编辑/柳　艳
出版发行/江苏大学出版社
地　　址/江苏省镇江市梦溪园巷 30 号(邮编:212003)
电　　话/0511-84446464(传真)
网　　址/http://press.ujs.edu.cn
排　　版/镇江市江东印刷有限责任公司
印　　刷/广东虎彩云印刷有限公司
开　　本/718 mm×1 000 mm　1/16
印　　张/12.25
字　　数/230 千字
版　　次/2021 年 9 月第 1 版
印　　次/2021 年 9 月第 1 次印刷
书　　号/ISBN 978-7-5684-1653-5
定　　价/56.00 元

如有印装质量问题请与本社营销部联系(电话:0511-84440882)

前　言

　　大学生群体作为极其重要的人力资源，是我国实施科教兴国、人才强国战略，实现中华民族伟大复兴的中国梦的重要力量。随着高等教育管理体制改革的深化和毕业生就业方式的转变，如何增强大学生的竞争力、缓解毕业生的就业压力、提高学生的综合素质，成为当前社会关注的焦点，大学生职业生涯规划也在这一背景下得到重视。然而，由于职业生涯规划研究近几年才被引入我国，特别是旅游类专业的职业规划研究更是鲜见，很多旅游类专业的院校和旅游从业人员对自己未来的职业目标不明确，对旅游职业规划的认识不足，因此，在旅游职业能力和素质培养等方面的主动性、计划性不够，难以提高旅游类专业大学生的职业能力和职业素养。

　　当下，高等教育大众化与社会所需人才专业化之间形成的矛盾使得大学生就业问题尤为严峻。大学生的能力能否健全发展，实现人与职业的最佳匹配，关系到能否切实促进国家经济发展、民生改善和社会稳定等诸多方面，也关系到大学生个人价值能否充分体现。一方面，虽然近几年旅游专业毕业生人数与日俱增，但毕业生选择从事旅游业的比例低；就业时选择该行业，但没多久又离开的现象越发普遍，致使普通旅游专业的毕业生与用人单位之间的供需错位矛盾越来越突出。另一方面，目前大多数从事旅游相关职业的人员缺乏旅游教育的专业背景，导致旅游行业专业人才匮乏，这对旅游业教育资源的投入来说也是一种极度的浪费。因此，加快发展职业生涯规划教育在旅游类专业中的实施，提高学生专业素质和专业能力显得尤为重要。

本书在编写过程中，参考借鉴了一些专家、学者的研究成果，并得到了学校各方的帮助和支持，在此表示最诚挚的谢意。由于时间仓促，加之笔者的知识水平有限，书中难免存在疏漏、不足之处，希望广大读者不吝赐教。

著　者

2021 年 5 月

目　录

第一章　大学生与职业生涯规划

第一节　职业与职业生涯 / 001
第二节　职业生涯规划概述 / 005

第二章　职业生涯规划教育的基本理论

第一节　职业选择理论 / 015
第二节　人职匹配理论 / 023
第三节　职业生涯决策理论 / 026
第四节　职业生涯发展理论 / 031

第三章　大学生的自我认知与职业认知

第一节　大学生的自我认知与学习能力 / 040
第二节　大学生职业认知及其形成 / 050
第三节　大学生职业认知存在的问题 / 053
第四节　提升大学生职业认知水平的策略 / 056

第四章　旅游类专业大学生的学业规划

第一节　职业化导向的学业规划 / 061

第二节　大学生的社会实践活动／065

第五章　旅游类专业职业适应与发展

第一节　职业适应概述／069
第二节　职业适应存在的问题及解决方法／073
第三节　旅游类专业的职业发展／081
第四节　旅游类专业的职业素养／088

第六章　职业生涯规划与拓展

第一节　职业生涯规划与方案设计／097
第二节　职业生涯规划的评估与改进／107
第三节　大学生就业创业与职业指导／118

第七章　职业素质和职业能力

第一节　培养职业素质／138
第二节　提升职业能力／141

第八章　求职面试与职场礼仪

第一节　面试的基本类型／143
第二节　面试准备与求职礼仪／147
第三节　面试中的技巧／156
第四节　面试常见问题及回答思路／161

第九章　旅游类专业职业生涯规划教育

第一节　职业生涯规划教育的意义／166
第二节　职业生涯规划教育的原则／167
第三节　职业生涯规划教育实施的途径／169

第十章 科学看待职业生涯成功

第一节　职业初期适应／173
第二节　职业生涯成功的标准／177
第三节　回归自我：追求内心的幸福感／179

参考文献／181

第一章　大学生与职业生涯规划

第一节　职业与职业生涯

机会总属于有准备的人。职业生涯规划的理论和实践同我们追求职业上的成功乃至人生的成功密切相关，而大学生的职业规划更是个人走向职场的基础性准备工作。从跨进校门的那一刻开始，大学生就需要在规划中前行，并通过实践来完善规划。

一、职业的含义

对于大多数大学生来说，职业是一个"万花筒"，他们对职业有一点了解，但可能是片面的。有些人认为职业是"某种工作"，如医生、教师、律师等；有些人认为职业是收入来源；有些人认为职业是一个"专业类别"或"等级身份"。人们对职业的各种认识主要来源于我国的社会教育及家庭教育，加上当代大学生从小学到大学疲于应试，使得他们对于职业知识了解得并不全面。

一般可以从两个角度来理解职业。从社会学的角度看，职业是一种社会现象，是指人们为了谋生和发展而从事相对稳定、有报酬、专业化的社会劳动类型。随着人类社会的不断进步和发展，特别是社会分工越来越细，职业也在不断发展，一方面，不少新兴职业相继出现，而另一方面，一些职业则伴随时代的变迁逐步退出人类社会。从个人的角度来看，职业是由个人履行的一系列工作角色。对大学生而言，第一次就业意味着要从学生角色转换到职业角色。同时，对于初次就业的大学生而言，就业也是解决个人生存的一种手段，是大学生独立的表现。

因此，我们可以认为职业是指能够在未来的工作中谋生和发展，通过发挥自己的能力和专业知识而从事的一种相对稳定、有经济收入的特定类别的社会劳动。它包括三层含义：首先，从事职业的目的是谋生和发展，所以在择业时不仅要考虑薪金的多少还要考虑将来的发展；其次，选择职业时要用到自己的专业特长，所以大学生为了找到更好的职业必须要有一定的专业知识和技术能力，只有这样才能够在日益激烈的人才市场上拥有竞争力；最后，职业是相对稳定的而不是绝对稳定的，且有特定的类别，这就要求大学生在择业时一定要选准与自己能力、兴趣和价值观相匹配的职业类型，最好在第一次就业时就选准，如若不行，可以考虑在工作前期通过转岗和更换行业等进行调整，直至最终找准自己的职业定位。

二、职业生涯

一个人的一生中，从出生起就要逐步扮演孩子、学生、员工、父母等多个社会角色，这些角色结合起来成为每个人不同的生活方式，这样的发展过程就构成了"人生"。职业生涯主要是指一个人在其职业岗位上持续的经历，与工作活动有关。它是一个动态的发展过程，反映了职业选择、职位转变和个人职业理想实现的整个过程。在这个过程中，个人决定了自己的人生价值，并不断追求，实现人生目标，所以这是一个人一生中最重要的过程。

在探索职业生涯分类的过程中，学者们将职业生涯分为内部职业和外部职业，这有助于实现职业生涯的发展目标。如果你把树看成是一项事业，那么树干、树冠、树叶、果实等，都像是外在的事业。它们是显而易见的。

三、职业生涯与人生发展

（一）人生发展

社会由千千万万的个体组成。在一定的物理环境和社会环境下，每一个个体都有属于自己并且贯穿生命始终的独特经历，这就是我们常说的人生。人生的发展，也就是每一个个体独特的发展。从哲学上来看，人生发展是一种站在个体角度的叙述，而与之相对的是一种站在全体角度的叙述，即人类的发展。如果没有这个基本的意识，就很可能在某一群体内部，并以该群体为参照，将群体整体性的发展特色归结为人生发展，从而也就无法正确把握人生，更不能有效地促进人生发展。例如，在一个生活水平不断提高、生产力不断提高的社会里，我们可以说在这个社会里，人得到了发展；但我们却不能以此来评价某个个体的人生的发展，由此而得出的结论必然是这个社会里所有的人都处在比较完满的状态之中，任何人都没有必要改变思想和行为来提升自我的状态。

从个体视角我们可以将人生发展分为以下三个层面来把握：

第一个层面是从人生命的自然延续来把握。人生是一个过程，从呱呱坠地开始，生命的延续就在于为人生提供了得以存在的时间，提供了人生存在的前提，而且生命的延续本身也代表了一种不断的革新。在这个意义上，我们可以称之为人生发展。

第二个层面是从人长期的知觉的积极变化来把握。人的一生里，感官不停地将外在的条件和信息传递给人的大脑，变成各式各样的知觉。人生的历程，实际上就是这些知觉变化的集合。而知觉分为瞬间的、短期的、长期的。瞬间的知觉变化发生最为频繁，几乎只要任何外部条件或者信息产生变化，都会使瞬间的知觉有反应，并且旧有的瞬间知觉也很快会因新的瞬间知觉的发生而消失；短期的知觉变化则需要等到外部条件或信息的改变达到一定程度才会产生，产生之后也会等新的短期知觉发生才能被替代；而长期的知觉具有很强的稳定性，能在较长的时间里保持不变，其变化也必须在多种因素都达到相当深度的积累下才能发生。例如，手碰到冰块时会有冻的感觉，这就是瞬间的知觉的变化；经过激烈的比赛后取得冠军所产生的喜悦感和兴奋感，这就是短期的知觉的变化；经过长时间的学习和研究后能够熟练地掌握某个学科的知识，这就是长期的知觉的变化。长期的知觉的变化，会对人产生系统性和根本性的影响。当这种变化具有积极意义时，说明将来很可能会产生比之前更好的人生轨迹，此时我们就可以说人生得到了良性发展。

第三个层面是从人的价值的实现来把握。"价值"是一个表明主客体关系的概念，即表示客体对主体需要的满足及满足的程度。"人的价值"则是从物品的价值中引申而来的，指作为客体的人对于作为主体的人的意义。作为主体的人也分为两种：一种与作为客体的人相同的人，即自我；一种是作为客体的人以外的人，即他人和社会。由此，人的价值也就分为个人价值和社会价值。当人的思想、行为乃至单纯的存在能对自己产生积极的影响，给自己带来有形或无形的利益，就表明其实现了个人价值；而如果人的思想、行为乃至单纯的存在能对他人或社会带来积极的影响，给他人或社会带来利益时，则表明其实现了社会价值。价值的实现就意味着人潜能的释放，集中体现了人的社会性，并且最能突出体现不同个体的差异，这是从最高层次认识的人生发展。研究和讨论人生发展也只有触及这一层面时才具有终极意义。

价值实现，就是带来利益的意义大于带来损害的意义。例如，盗窃诈骗等行为，虽然给自己带来了利益，但也给社会利益和社会秩序带来极大的危害，这种情况下危害的意义已经完全超过了利益的意义，所以不能称为实现了个人的价值。因此，与前两个层面不同，第三个层面不仅是客观的描述，更是主观的评价，需要运用一定的认识并结合具体的环境才能得出是否属于人生发展的范畴。

（二）职业生涯促进人生发展

一个好的职业发展规划可以让个人根据自己的能力寻找潜在的发展机会。就个人而言，当他在职业生涯中取得进步时，他会感到满意并充分发挥自己的优势。从组织的角度来看，可以减少员工流失造成的成本，提高员工的综合素质。

由于职业发展是以人为本的，只有在个人追求的过程中才会存在，因此职业发展的主要概念如下：

第一，职业发展是一个不断调整的过程，它结合了个人工作的一系列经验。

第二，人在不同的人生阶段有不同的发展需求和任务，并随着价值观、态度和动机的变化而选择职业。

第三，个人需要根据自我评价和对自己能力的认识，确定自己的职业目标。

第四，职业发展贯穿人的一生，包括退休阶段。

第五，如果个体能正确地进行自我评价，对自己的职业做出合适的选择和调整，就更可能取得成功。

第六，各种工作角色相互依赖，受到外部环境的影响，个体的需求可以从外部环境中得到满足。

第七，个人工作岗位的级别并不重要，应以其对社会的贡献和价值来肯定自我、实现自我。

当较低层次的需求得到一定程度的满足后，个体就会逐渐追求更高层次的需求，继续发展自我，最大限度地发挥自己的潜力，实现自己想要达到的目标，如自我实现的需求。尽管需求理论存在一定的局限，但它对人类的各种需求进行了系统分类，为个体的自我分析提供了参考依据。

在工作阶段，个人的职业价值观、兴趣、性格、能力和素质与职位相匹配，工作只是一种谋生手段，满足他们的生理需要和安全需要。随着个人知识、能力的提高及个人与岗位的匹配和适应能力的提高，个人职业发展也进入了第二个阶段——职业生涯阶段。在这个阶段，工作成为发挥个人才能、满足个人对爱、归属感和尊重需求的一种手段。当个人职业进入事业阶段时，个人不再把工作作为一种生存手段，而是实现其人生价值的手段。在这个阶段，虽然工作量大，但个体责任心强，总能享受工作，对工作有不竭的热情。通过工作，个体可以发挥自己的潜力，实现更有意义的人生追求。可以说，在现代社会，事业是人生全面发展的重要载体，人生的全面发展是事业的最终目标。

第二节　职业生涯规划概述

一、职业生涯规划的概念及意义

（一）职业生涯规划的概念

职业生涯规划，是指一个人对其一生当中所从事工作的各个阶段所担当的职务或者事务，以及在职业发展上所进行的规划和设计，其中包括一个人的学习目标和成长经历等。也就是说，个人的职业规划是将个人内部因素与外在的环境条件结合起来。从而制定其事业发展的战略设想与计划安排。

要理解职业生涯规划的概念，我们应该重点关注以下三点：

第一，职业生涯规划分为三个部分：认知、设计和行动。职业生涯规划是一种复杂的行为过程。认知包括对人生理想、职业价值观、兴趣爱好、个性特征、能力状况等个体方面的认识，也包括对家庭条件、社会环境、职业分类、工作性质的认识，还包括对职业生涯规划理论和方法的认识。设计是指个体根据认知，为自己有针对性地树立职业目标、制订实施方案、确定阶段任务。行动则是将设计的内容付诸实施。三者环环相扣，浑然一体。

第二，职业生涯规划以职业实现和维持为中心，包括气质培养、家庭角色扮演、生活方式和状态等非职业因素的规划。对于大多数人而言，职业是生活物资来源的基础，也是心理塑造的重要因素，正因如此，职业生涯规划才会成为一个独立的研究主题。所以，职业生涯规划的核心是帮助个体找到适合自己的理想职业，并维系自身的发展。但是职业的实现和职业的维系不是孤立的，它们需要职业生涯的其他方面作支撑。所以，职业生涯规划需要个人对职业生涯全面性规划。

第三，职业生涯规划受客观条件影响较大。首先，职业生涯规划属于社会科学，本身无法做到像自然科学那样严谨精确。其次，职业生涯规划的调整是主体与客观因素的适应过程，客观因素是难以预料的。职业生涯规划是根据既有的因素去安排路线和行动，在客观因素产生变化时，也能运用合理的方法去应对。如果没有这些准备，我们将漫无方向，在面对新情况时也很难找到合理的方法解决。所以职业生涯规划为个体的发展提供的并非如细致无缺的建筑图纸，它提供的是让我们合理有序发展的框架。

（二）职业生涯规划对大学生的意义

每个人在性格、能力、心理、价值观、身体素质、生活条件等方面都不一样，这就是人生发展在"质"与"量"上的差异。生命发展的"质"与"量"可以说是人与人之间的区分标签。因此，在发展初期，只有认清自身当前的"质"和"量"，才能了解自身的地位和状况；只有预判自己在未来的"质"和"量"，才能知道自己努力的方向和想要达到的境界。这就需要一个测量工具。在发展过程中，只有运用适当的方法，科学、系统地构建发展轨迹，才能找到理想的"质"与"量"。这就需要一种写生的方法。我们都知道，标尺的作用是衡量和轮廓，而职业生涯规划是人生发展的标尺，对于站在职业发展十字路口的大学生来说尤其如此。

1. 职业生涯规划的衡量作用

（1）指导大学生确定恰当的人生目标

目标是人生之路的灯塔，它指引着奋斗者以方向，也给予奋斗者以动力。但是，确定一个恰当的人生目标绝非易事。目标确定得过于宏大，就会找不到实现目标的入手之处，对个人成长也起不到促进作用；目标确定得过于狭隘，会使得个人的成长受到过多的拘束，最终限制了发展的空间。职业生涯规划所包含的各种理论、方法和工具可以帮助人们准确地了解自己，在正确的自我定位的基础上，结合外部条件和社会需求，确定可行的目标。

（2）帮助大学生认识既有的发展状态

认识发展的存在状态，包括认识人格、认识存在能力与不足、认识发展阶段等。如果我们对现有的开发状态有更好的把握，我们就可以确定之前努力的效果，并确定下一步要做的工作。这样，我们就能知道今后是应该继续沿用之前的发展思路，还是做适当的调整。这既可以作为一种对之前确定的人生目标的检验，又能促使我们逐渐朝人生目标迈进。

2. 职业生涯规划的勾画作用

（1）帮助大学生树立正确的择业观念

时下就业市场上之所以会出现"公务员热""金融热""房地产热"等现象，很重要的原因就是很多大学生没有正确的择业观念，而一味地追随大流，或者仅仅认识到社会环境对职业发展的影响，而没有考虑到个体的身心特点和未来发展的目标。延伸到相关的"考研热""出国热"等，这也是大学生群体缺乏正确就业观念的表现。没有正确的择业观念，带来的结果往往是就业中的四处碰壁，或选择了一个不适合自己的职业，导致个性被压抑，能力被限制，生活上郁郁寡欢，事业上步履维艰。"三百六十行，行行出状元。"对于有抱负的人而言，其实大多数职业都有广阔的施展空间，都能给人生带来成功的荣耀。正确的择业观念应当是自我认识、环境认识、价值目标认识的系统结合。而职业生涯规划可以帮助个体在此基础上树立具体的、有针对性的择业观念，从而对机遇的把握更为全面和深刻。

（2）引导大学生重视并有针对性地培养素质和能力

对于大学生而言，当前社会发展充满着机遇，同时又面临着严峻的挑战。可以预见，未来对人才要求的趋势是越来越多样化、专业化，而且越来越注重品行合一。我们常常听说这样的情况：有学生在工作中由于不能熟练地使用各种现代化的工具，导致其表现大打折扣；有学生在大学期间虽然看了很多书，但在工作时无论是口头还是书面表达能力都不强，直接影响社会对自身能力的认可；还有一些学生在工作时感觉专业知识学得不深，常有重回校园学习的冲动等。这些都是大学生没有针对性地培养自己的素质和能力的结果。那么，在挑战和趋势面前，大学生应该怎样培养素质和能力呢？人一生中学习和实践的时间是有限的，我们很难使自己的素质和能力面面俱到，使自己成为无所不能的"全才"。而且当代社会分工的精细，使得任何人都不可能在所有领域里大展身手。因此，我们应该以发展目标为核心，培养自己在某些方面的素质和能力。在学习职业生涯规划之后，我相信大多数人都能理解职业生涯规划并付诸行动。

二、大学生职业生涯规划的误区和障碍

大学生在填写高考志愿表的时候，已经对自己的职业生涯做出了一个重要的决定，因为高考志愿表基本上决定了他们在大学期间的专业学习。但如果你问一些学生他们是如何做出这个决定的，你可能会对他们的回答感到惊讶。对许多学生来说，可能是与同学的一次简单的对话，老师的一句不经意的话，亲戚的一句忠告，甚至是一句道听途说让他们能有如此决定。面对如此重大的决定，许多学生花的时间并不比买一件衣服花的时间多。可见，大学生职业生涯规划活动中存在着很多误区，也面临一些障碍。

（一）对职业生涯规划的重要作用认识不足

随着高校大学生职业生涯规划教育的普及，相关理念已日渐被大学生所熟知与接受，但覆盖面仍不够全面，部分大学生对职业生涯规划相关概念的认识依然比较模糊，甚至并未真正意识到职业生涯规划对个体发展的重要作用。

据大学生论坛上的调查，80%的大学生从未正式计划他们的职业，他们只知道大学生的就业形势严峻，即便如此也没有认真地规划他们的职业发展。调查中发现部分大学生对职业生涯规划认识不足、重视不够，关于"您了解职业生涯规划的含义吗"，大部分学生回答"了解一些，但不具体"，少量的学生回答"不知道"；关于"您对自己的职业生涯规划有设计吗"，大部分学生回答"没有"，少量的学生回答说"已经制订了计划"。这样的结果是，学生学习没有目的，浪费了宝贵的学习时间，错过了职业生涯规划下有目的、有针对性、有计划地提高学习质量和能力的好机会。

（二）职业生涯规划中个体自我认知仍然模糊

很多大学生没有做好自己的职业生涯规划，重要原因是他们不了解自己，不知道自己想做什么，适合做什么。自我认识是大学生职业生涯规划的首要步骤，只有认识了自我，才能选择适合自己的职业。目前，我国在校大学生个体的生理年龄较为成熟，但其心理尚未成熟，尤其是对自我的认识和对未来的职业发展定位仍然模糊。比如，在访谈中一名大学生面对企业的招聘方，提出的问题竟然是"你看我适合干什么"。在制定自己的职业生涯规划时，大学生必须要面对现实，做全面的自我分析，正确处理好职业生涯规划设计中"做什么""在哪里做""怎么做""用什么样的心态去做"这些最基本的问题。

（三）仅把职业生涯规划当作毕业班学生的主要任务

对职业生涯规划概念的淡漠是当代大学生普遍存在的问题。许多大学生谈论职业生涯规划时，认为这仅是毕业班学生的主要任务，而不是非毕业班学生要考虑的事。一些毕业班学生认为职业生涯规划是没有必要的，反正就业也不是自己能决定的。还有一些在读大学生认为他们还处于不同学习阶段，这时规划自己的职业生涯还为时过早，因为未来有太多的不确定性，不需要"浪费"时间进行职业生涯规划。事实上，这是一个误解。然而，由于缺乏专门的指导和监督，许多大学生在入学时并没有开始科学的职业生涯规划。

（四）职业生涯规划中职业理念培养面临障碍

由于大学生在中学时期的阅历、信息量掌握等方面的不足，高考专业填报往往带有一定的盲目性，这在一定程度上给大学生职业发展理念培养带来了障碍。

调查中我们发现，关于"您认为所学专业前景如何"，大部分学生回答"很有前途"，少量学生回答"不了解"；关于"您选择现在专业的依据是什么"，大部分学生回答"估计还可以"，少量学生回答"听别人说好"；关于"您是否结合所学专业进行职业定位"，大部分学生回答"有，但不明确"，少量的学生回答"没有"。有些大学生把就业、职业与事业混为一谈，认为就业就是事业，甚至把就业等同于人生中的事业发展。因此，它在就业问题上显得犹豫不决。把就业作为人生的一件固定的事情，不仅不利于解决毕业后的就业问题，也不利于长期的职业生涯规划，更不利于职业发展。

三、大学生职业生涯规划的步骤

（一）确定志向

如何确定志向呢？需要思考以下三个问题：

第一，当我老去的时候，我最希望人们怎样评价我？

第二，我最希望在哪个领域有所成就？

第三，假如不需要考虑金钱和时间，我最想从事的工作是什么？

回答以上三个问题之后，思考以下四个问题，并写出慎重思考后的答案。

第一，我将来理想的生活方式是什么？

第二，我将来要拥有什么样的成就？

第三，我将来要从事的主要行业有哪些？

第四，设想我将来的职业名称会是什么？

（二）自我评估

第一，职业能力评估。根据自己的专业能力特点，选择适合自己的职业，一一列表做成表格。

第二，职业价值观评估。通过对职业价值观的理解，想象对于未来的职业自己最看重的是哪些方面，而与这些价值观相对应的未来想从事的职业是什么？

第三，性格类型的评估。通过使用一些测试工具，对照分析自己的性格类型，找出自己最适合的职业。

第四，描述自己的职业兴趣。根据理论资料及自己以往的学习和生活经历，确认自己大致的职业兴趣类型。

（三）职业生涯的机会评估

1. 了解职业外部环境

了解外部环境是我们适应和利用环境的前提。在制定个人职业规划时，我们应该分析环境条件的特点、环境的发展和变化、自己与环境的关系、自己在环境中的地位，自己对环境的需求及环境中的有利和不利条件。只有充分了解这些环境因素，才能在复杂的环境中扬长避短，使职业规划具有个人的现实意义。

外部环境包括宏观环境和微观环境。宏观环境包括政治环境、社会环境、经济环境等。微观环境包括行业环境、企业环境等。

大学生可通过网络、报纸、杂志、电视等了解相关信息，对当前及未来社会环境、职业本身环境等进行分析，把握自己参加工作时的职业生涯机会。

2. 影响职业选择的其他因素分析

选择适合自己的职业，对个人的影响很大。有些人被动地选择他们的职业方向，他们不喜欢自己从事的职业，所以疲于应付，工作的热情得不到激发，导致职业发展受阻。因此，职业方向的选择必须在上述确定志向和正确的自我评估的基础上，考虑职业方向与个人个性、兴趣、专业知识、外部职业机会等因素的匹配。

由于职业生涯规划是一个寻找内在和外在协调的过程，因此，一般而言，一个人的内在特点与职业特性越一致，职业成功的可能性也就越大。个人的内在世界，包括人格特征、兴趣爱好、能力特长、需求价值观等；外在的职业世界，包括职业所需特质、职业分类的内容、职业所需能力、各类职业报酬等。

影响职业选择的因素很复杂，既包括大的外部环境，又包括微观环境和个人因素等。

（四）职业生涯目标和路线规划

1. 职业生涯目标

（1）职业生涯目标的内涵

确定职业生涯目标就是明确自己想成为什么样的人，担任怎样的职业角色。具体来说，就是你想在你的职业生涯中获得什么样的职位，你想拥有什么样的头衔，你是想成为一名专家还是一名事务性工作者。

（2）职业生涯目标的层次

职业生涯目标大致可以分为四个层次。第一个层次是愿景目标，这是一个人内心永恒的向往，比如我想成为什么样的人。第二个层次是表现目标，是一个人的职业方向，例如我终要达到的职位、职称等。第三个层次是长期目标，是一个人的总体目标，即5~10年的目标。第四个层次是行动目标，即短期可实行的组合目标。

目标的确定要以终为始，先确立愿景目标，再确立表现目标，后确立长期、行动目标。而目标的达成则是由近及远的，先达成近期的，后达成远期的。

（3）职业生涯目标分解

目标必须被分解，使它们更清晰，更容易实现。各种职业目标之间的关系往往是复杂的，甚至是矛盾的。因此，有必要厘清职业目标之间的关系，并将其分解。

目标组合是指找出目标之间的内在逻辑关系，然后按照内在逻辑关系组合每个目标的过程。这有助于我们理解不同目标之间的关系，并采取步骤有计划地执行它们。职业规划要先考虑要实现什么目标，然后要实现什么目标，以什么目标为补充。

（4）职业生涯目标确立的 SMART 原则

SMART 的五个字母依次是英文单词 specific（明确的）、measurable（可量化的）、achievable（可达成的）、rewarding（有价值的）、time-bound（有时间限制的）的首字母。

S 代表 specific（明确的），意思是你设定一个明确的目标，并在一段时间内专注于这个目标。与此同时，这个指导方针要求你非常小心，并尽可能具体。例如，你可能会说你的目标是翻修房子，但到底"翻修"什么？是粉刷、修理、重新布置、购买新家具、更换壁纸、打扫卫生？是所有还是其中一项？还是别的什么？一段时间不专注于一个目标同时还有其他的目标的危险在于，随着截止日期的临近，却发现一个都没有完成。

M 代表 measurable（可量化的），这意味着你的目标应该是能够量化出的，而不是用宽泛、模糊的术语。例如，简单地说"我会在网球比赛中更加努力"或"我的目标是更好地利用时间"是不够的。如何衡量"更加努力"和"更好地利用时间"呢？你需要用一种可衡量的方式来表达你的目标，比如"我的目标是在下周二晚上 11 点前完成 11 页的实验论文"，到了那个时间，你就会知道自己是否实现了目标，因为你已经把它们设定成可衡量的单位了。有一个衡量成功或失败的可量化的标准，根据它你可以准确地评估你的目标能否实现。根据实际情况，你可以保持你当前的目标，也可以调整一些，或者如果你认为有必要的话完全放弃它。

A 代表 achievable（可达成的），是指就个人能力而言，目标是可以实现的。例如，一位 50 多岁、体重 200 斤、过着安定生活的人，突然试图实现一个两周内实现一次可用 10 分钟跑完 5 公里的目标，这个目标显然是不现实的。

R 代表 rewarding（有价值的），这意味着所设定的目标应该是对自己和他人无害且有益的，有利于个人和社会的进步。

T 代表 time-bound（有时间限制的），是指确定的目标应该是有具体计划时间范围的。只有设定了时间范围，才可以评估目标完成的情况，否则就会形成"明日复明日，明日何其多"的局面，最终导致在职业生涯中找不到成就感。

2. 职业路线规划

虽然"条条大路通罗马"，但每个人都必须选择自己的道路。在你的职业目标确定之后，你应该选择走哪条路。在跨国公司的人才培养体系中，往往会提供员工的职业发展路径。在选择走哪条路上，你也可以这样想：例如，向管理方向发展还是向专业技术方向发展；是先走技术之路，然后转向管理之路还是做其他选择等。你职业生涯发展的步骤取决于你所走的道路。不同的选择意味着不同的工作和生活方式。同时，有许多职业形式，如自由职业和自主创业。因此，不同的年龄设置和不同的年龄段所要达到的目标可以根据个人的意愿得到不同的结果。因此，在职业路线规划中，路径的设计和选择尤为重要。

（五）制订行动计划与措施

一旦你确定了自己的职业目标和道路，行动就是关键。没有实现目标所需要的行动，目标就难以实现，更不用说事业的成功了。这里所说的行动是指在职业生涯中实现目标的具体措施，主要包括工作、培训、教育、岗位轮换等措施。例如，为了达到目标，在工作方面，计划采取哪些措施来提高工作效率；在专业素质方面，计划学习什么知识，掌握什么技能，在多长时间内提高专业上的某种能力；在开发潜能时，要采取哪些措施来开发自己的潜能。这些都要有具体的计划和明确的措施，并且这些计划要尽可能地量化，便于定期检查。

1. 大学不同时期的职业生涯规划

大学生职业生涯规划的实施也可以分为四个阶段，即第一年试探期、第二年定向期、第三年拼搏期、第四年冲刺期，具体见表 1-1。

表 1-1　大学生职业生涯规划任务表

时期	侧重方向	侧重目标	实施措施
（试探期）一年级	正确认识大学，认识自我，进行职业生涯剖析，确定职业目标	初步了解职业，特别是自己未来想从事的职业或自己所学专业对口的职业；提高人际沟通能力	多和学长们交流，尤其是大四的学长，询问就业情况；多参加学校活动，增加交流技巧，为可能的转系、留学计划做好资料收集及课程准备；多利用学生手册，了解相关规定
（定向期）二年级	夯实基础，拾遗补阙，进行职业生涯设计	应当考虑清楚未来是深造、就业还是自主创业，并以提高自身的基本素质为目的	对目标进行细化和调整；通过参加学生会或社团等组织，锻炼自己的各种能力，同时检验自己的知识技能；可以开始尝试兼职、社会实践活动，最好能在课余时间（长时间）从事与自己未来职业或本专业有关的工作，提高自己的责任感、主动性和抗挫折能力，增强英语口语能力、计算机能力等；通过英语和计算机等相关等级考试，有选择地辅修其他专业的知识来充实自己
（拼搏期）三年级	拓展素质，提升能力，此时更多的是思考专业成才	加强自身综合素质的提升；培养职业目标所需要的各种能力；提高求职技能、搜集公司信息；做出考研还是就业的抉择	撰写专业学术文章时，可大胆提出自己的见解，锻炼自己独立解决问题的能力和创造力；参加和专业有关的暑期实践工作，和同学交流求职工作心得体会；学习写简历、求职信；了解收集工作信息的渠道并积极尝试，例如校友网络，了解往年的求职情况等；希望留学的学生可参加留学系列活动，准备 TOEFL、GRE，留意留学考试资讯
（冲刺期）四年级	择业、就业、创业	找工作、考研、出国	可对前 3 年的准备做一个总结：首先检验自己已经确立的职业目标是否明确，前 3 年准备是否充分；然后开始申请工作，积极参加招聘活动；最后模拟面试。了解用人单位资料信息，强化求职技巧，进行模拟面试等训练，尽可能地在做出充分准备的情况下实战演练

2. 职业方向要素分析

经过上述各阶段的评估分析，可以判定一个职业方向（或目标）对自己的适合程度。现在需要做的是分析自己要达成这一职业理想，已经具备的条件和所欠缺的条件，明确提升的措施。要素分析表见表1-2。

表1-2　要素分析表

职业方向	职业志向（最想做的）		
	职业要求		
	适合自己的职业和工作		
因素	个人具备的条件	个人欠缺的条件	我的措施
学历			
专业			
能力特长			
兴趣爱好			
社交能力			
身体素质			
性格特征			
相关经验			

根据表1-2做出每学年的基本规划。每学年末要总结一年来的计划执行情况，然后制订新的规划，学年规划表可参考表1-3。

表1-3　学年规划表

时期	目标	措施		时限
第1学年	第一学期	1		
		2		
		3		
	第二学期	1		
		2		
		3		

（六）定期评估与反馈

我们正处于一个快速发展的时代，计划需要适应变化。影响职业规划的因素是不断变化的，有些是可以预测的，有些则难以预测。无论哪种情况，为了使职业规划有效，都需要不断地对职业规划进行评估和修改。修订的内容包括：职业的重新选择、职业路线的选择、人生目标的修订、实施措施和计划的变更等。

第二章　职业生涯规划教育的基本理论

第一节　职业选择理论

职业选择是人们根据自己的价值观、职业期望、兴趣和能力等从社会上现有的职业中进行选择的过程。当你选择一项事业时，你就选择了一种生活方式，而人们在选择一项事业时也会仔细思考。职业选择理论告诉我们如何选择职业，具有代表性的职业选择理论有帕森斯的特质因素理论、霍兰德的职业兴趣理论和施恩的职业锚理论等。

一、帕森斯的特质因素理论

（一）人与职业的匹配的类型

第一，因素匹配，也叫职业匹配人。对专业技能和专业知识要求高的工作与具备这些技能和专业知识的求职者匹配。例如，心血管内科的专业性极强，这就需要专业素质极强的医生从事相关工作。

第二，性格匹配，也叫人匹配职业。具有某些人格特性的人匹配某些特定职业。例如，具有敏感、情绪化、标新立异、个性强烈、理想主义等人格特性的人，适合从事审美、自我情感表达的艺术创作类型的职业。

（二）帕森斯职业选择的步骤

第一，对求职者的生理和心理特质进行评价。可以使用成就测验、能力测试和评估方法，获取求职者的身体状况，如气质、情趣、个性等，通过访谈、调查等方法，进一步了解求职者的家庭背景、学习成绩、工作经验等，并对这些情况进行评估。

第二，分析各种职业对人的要求因素，并向求职者提供相关的职业信息，包括职业的性质、工资、工作条件，以及晋升的可能性、求职的最低要求和就业机会等。

第三，人职匹配，即整合个人和工作领域的信息，这是特质因素理论的核心。基于对求职者的特质的理解和职业的各种因素，咨询师帮助求职者做一个比较分析，以便选择一种适合其个人特点同时有可能使求职者职业上取得成功的职业。

职业选择理论的基础是人的个体差异，差异心理学与心理测验的产生和发展为职业选择理论及其实际应用提供了有利条件；同时，这一理论符合职业生涯规划的逻辑和一般过程，也易于操作和实施。所以这种职业选择理论自产生起就一直被人们广泛接受和采用，并得以不断发展和完善。

二、霍兰德的职业兴趣理论

（一）基本原则

第一，职业的选择是个体个性的体现。一个人对某一职业的偏好，是因为他有可能拥有相应的人格。

第二，个体的兴趣类型是个性类型的反映。一个人对特定类型的事物或事件的兴趣表明他可能具有相应的人格类型。

第三，同一专业群体的成员具有相似的人格，所以他们对许多情况和问题都会有相似的反应和行为模式，从而产生相似的人际环境。

第四，人格类型可分为现实型、研究型、艺术型、社会型、企业型和常规型六种类型，个体人格类型是这六种类型的一种或几种组合。

第五，人们的环境和工作可以相应地分为六种类型，即现实的、研究的、艺术的、社会的、企业的和常规的。

第六，个体的人格与工作环境之间的匹配和对应，是职业满意度、职业稳定性与职业成就的基础，也就是说只有当个人找到与自己人格类型一样或接近的职业时，他才会对工作产生强烈的兴趣，才能从工作中获得较高的满足感、成就感，从而取得较好的工作成绩。

在这些基本原理的基础上，霍兰德在20世纪70年代进一步完善了他的理论。根据他的研究结果，他提出了四个核心假设和三个辅助假设。

（二）核心假设

第一，一般来说，大多数人的人格可以大致分为六种类型：现实型（realistic type，简称R）、研究型（investigative type，简称I）、艺术型（artistic type，简称A）、社会型（social type，简称S）、企业型（enterprising type，简

称E），常规型（conventional type，简称C）。这六个类型各有特点，但也有一定的联系。它们可以按固定顺序排列成一个六边形，如图2-1所示。一般地，人们的人格类型常常是以上两至三种类型按照不同比例组合而成的。

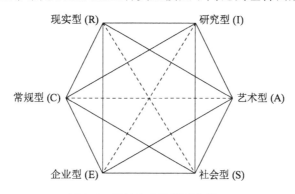

图2-1 霍兰德人格类型分类图

第二，与人格类性分类类似，在我们的社会环境中，主要有六种类型的职业，即现实的、研究的、艺术的、社会的、企业的和常规的，它们按照一定的顺序排列在一个六边形（RIASEC）中。与此同时，大多数工作场合也包含多种形式。

第三，人们总是在寻找一个适合他们个性类型的环境来发展他们的技能和能力。

第四，一个人的行为是由他的性格和他所处的环境的相互作用决定的。

六边形模型是霍兰德在职业分类的基础上的另一个有价值的贡献。六边形的六个角分别代表霍兰德提出的六种人格类型和相应的六种职业类型。每个人格类型与职业类型的相关程度可以用图表边的长度和对角线的长度来表示。连线越短，表示人格类型与职业类型相关性越大，同时个体适应性越高；连线为零，即人格类型与职业类型完全适配，如RR型、CC型、AA型等，此时人职配置最适宜，职业选择最理想，这称为人职协调。

（三）辅助假设

霍兰德的职业兴趣理论的核心假设指出，有六种类型的人和职业，人们总是在寻找符合自己个性类型的相关工作。通过辅助假设进一步解释人格类型和人格与职业匹配程度之间的相关关系。辅助假设不仅可以用来解释人的人格类型的分类，也可以用来解释工作场所的形态分类。

1. 一致性

一致性主要是指人格类型和职业环境之间的相似程度。例如，具有现实型（R）和研究型（I）特征的人在性格和行为上有一定的特征，他们不太善于交际，他们更喜欢做事情，而不是与人打交道，我们说这两种类型有高度的一致性。相反，常规型（C）与艺术型（A）的一致性较低，它们的特征完全不同。具有常规型特征的人更顺从，具有艺术特征的人更具有独创性。六种类型占据了六边形的六个角，它们的一致性程度可以以六角形上的距离程度来表示。

2. 区分性

区分性主要指个人人格特质或者个人所偏好的职业类型的清晰程度。例如，某些人在某些职业环境的界定较为清晰，比较接近其中的某一类型，而与其他类型相似度比较低，这样的情况说明区分性较高。反之，如果一个人的人格特征与多种类型相近，则表示他们的区分性较低。一般而言，个人特性多趋向于非纯粹的综合性特点，但个体身上常会自然地突出某些代表个体个性的明显特征，通过分析这些特征可以确定个体的人格类型特点与其偏好的职业类型。

3. 适配性

适配性是指人格类型与职业环境类型的匹配度。不同的人希望在不同的职业环境中工作、生活，人与职业适配得当就可以更好地通过自身条件发挥所长。人格类型与职业类型对应表见表 2-1。同时，适配性的高低可用于预测个人对职业的满意度、职业的稳定程度及个人的职业成就。因此，适配性是霍兰德人格类型理论规律性假设中最为重要的一个假设。

表 2-1　人格类型与职业类型对应表

人格类型	劳动者特征	职业类型
现实型 （R）	1. 愿意使用工具从事操作性工作 2. 动手能力强，做事手脚灵活，动作协调 3. 偏好具体任务，不善言辞，不善交际，喜欢独立做事 4. 做事保守，较为谦虚	各类技术工作、农业工作，通常需要一定体力，需要使用工具、机器，需要基本操作技能的工作 主要职业：技术型职业（计算机硬件人员、工程师、营养专家、摄影师、制图员、机械装配工）；技能型职业（运动员、电工、木匠、厨师、技工、修理工）；等等

续表

人格类型	劳动者特征	职业类型
研究型（I）	1. 抽象思维能力强，求知欲强，肯动脑，善思考，动手能力不强 2. 喜欢独立的和富有创造性的工作 3. 知识渊博，有学识才能，不善于领导他人 4. 考虑问题理性，做事喜欢精确，喜欢逻辑分析和推理，不断探讨未知的领域	科学研究和社会实践工作，要求具备智力或分析才能，并将这些才能用于观察、估测、衡量、形成理论，最终解决问题 主要职业：科学研究与开发人员、专家；教师；化学、冶金、电子、飞机等方面的工程师；电脑编程人员；医生；系统分析员；等等
艺术型（A）	1. 有创造力，乐于创造新颖、与众不同的成果，渴望表现自己的个性 2. 喜欢以各种艺术形式的创造来表现自己的才能，实现自身的价值 3. 做事理想化，追求完美，有时会不切实际 4. 善于表达、怀旧，心态较为复杂	各类艺术创造工作，要求具备艺术修养、创造力、表达能力和直觉，并将其用语言、行为、声音、颜色等形式体现的工作 主要职业：艺术方面（演员、导演、艺术设计师、雕刻家、建筑师、摄影家、广告制作人）；音乐方面（歌唱家、作曲家、乐队指挥）；文学方面（小说家、诗人、剧作家）；服装、家具、珠宝等行业的设计师；教师；评论员；等等
社会型（S）	1. 热情，喜欢与人交往，愿意结交新朋友 2. 善言谈，愿意教导别人 3. 关心社会问题，比较看重社会义务和社会道德，渴望发挥自己的社会作用 4. 寻求广泛而亲近的人际关系	各种直接为他人服务的工作，如提供信息、帮助、培训或治疗等服务的工作 主要职业：医护工作人员（护士、医生）；教育工作者（教师、教育行政人员）；社会工作者（咨询人员，公关人员，图书管理员，精神健康工作人员）；服务行业的管理人员和服务人员（保育员）；等等
企业型（E）	1. 追求权力、权威和物质财富，具有领导才能 2. 喜欢竞争，敢冒风险，有野心与抱负 3. 做事有较强的目的性 4. 善交际，口才好	喜欢组织与影响他人共同完成组织目标的任务，要求具备经营、管理、劝服、监督和领导才能，以实现组织、政治、社会及经济目标的工作 主要职业：房地产商、企业家、金融家、项目经理、销售人员、采购员、政府官员、企业领导、法官、律师等

人格类型	劳动者特征	职业类型
常规型 （C）	1. 尊重权威和规章制度，喜欢按计划办事，习惯接受他人的指挥和领导，自己不谋求领导职务 2. 细心，有条理，喜欢关注实际和细节情况 3. 通常较为谨慎和保守，缺乏创造性，不喜欢冒险和竞争 4. 富有自我牺牲精神	各类与文件档案、图书资料、统计报表之类相关的工作，喜欢要求关注细节、精确度，有系统、有条理，具有记录、归档、根据特定要求或程序组织数据和文字信息的职业 主要职业：秘书和文员、编辑、会计师、出纳、行政助理、图书馆管理员、银行职员、统计人员、投资分析员、审计师等

根据霍兰德的职业兴趣理论，大多数人在没有受到严重干扰的情况下，只要有丰富的信息和探索的机会，就可以自己解决专业问题。霍兰德开发了职业偏好量表和职业自我探索量表，可以用来评估一个人的人格类型，并分析其一致性、差异性和适应性。

霍兰德提出的六种职业类型包括了美国职业词典中收集的所有职业，所以他对人格类型和职业类型的分类在一定程度上是科学可行的。然而，霍兰德将众多的职业仅分为六类，确定了与一个人的个性相一致的职业类型或职业组，每个职业类型和职业组都由一系列具体的职业组成。同时，根据六边形模型，一个人不仅可以选择与他的人格类型相适应的职业环境类型，还可以适应与他的人格类型相适应的两种职业环境类型，这进一步扩大了个人职业选择的范围。职业选择的范围太多，就可能会模糊其选择职业的方向。因而，从这一角度来看，霍兰德的类型分类及测定工具只能作为职业生涯规划和人才挑选的初步依据。

三、施恩的职业锚理论

（一）核心内容

一个人的职业锚有三个组成部分：一是基于在各种工作任务中的实际成功的自我反思的才能和能力；二是自我激励和需求，基于在实际情况中自我检测和自我诊断的机会和他人的反馈；三是态度和价值观，基于自我与就业组织、职业环境的规范和价值观的实际碰撞。

（二）职业锚的类型

经过长期的研究，施恩提出了八种"职业锚"，即技术/职能型职业锚、管理型职业锚、自主/独立型职业锚、安全/稳定型职业锚、创造/创业型职业锚、服务型职业锚、挑战型职业锚、生活型职业锚。

1. 技术/职能型职业锚

拥有技术/职能型职业锚定位的人想要成为"专家"。他们受到充分发挥自己技术才能的机会的激励，并享受成为专家的满足感。他们对组织忠诚，愿意参与制定组织目标的过程。目标一旦确定，他们就会以最大的热情独立地追求目标。他们不喜欢管理工作，不想离开自己公认的专业领域，也不想被提升到管理岗位。在补偿和补贴方面，他们更注重外部的平等，需要从横向比较中获得心理平衡。应该通过扩大工作范围、给予他们更多资源、承担更大责任、用更多资金、技术、下属等支持他们，或者通过委员会和专家组参与高层决策来激励他们。

2. 管理型职业锚

拥有管理型职业锚的人有成为管理者的强烈愿望。与专业知识相比，他们更认识到领导力和管理的重要性，他们认为掌握专业技能只是通往管理岗位的一个阶梯。与技术/职能型职业锚相比，拥有管理型职业锚的人更愿意接受不确定性的挑战，他们认为实现目标的能力是晋升的关键标准。他们倾向于对薪酬的态度进行垂直比较，并热衷于在组织中代表所有者和股东权益的薪酬，如股票期权。对他们来说，最好的认可就是获得晋升，肩负更大的管理责任。

3. 自主/独立型职业锚

拥有自主/独立型职业锚的人寻求自主和独立，不受程序、工作时间、着装方式或者任何组织中不可避免的标准和规范的限制。即使面对职业选择，他也会权衡工作的利弊，以保持自己的自主权。他们更喜欢在自己的专业领域有明确的工作描述和具体的时间段。他们期望的薪酬往往是基于绩效的，可以立即支付。他们害怕中长期的激励约束，宁愿放弃高薪工作和晋升机会，也不愿受到他人的约束和指导。他们希望晋升能给他们更多的自主权。直接表扬、证书、推荐信、奖励等表彰方式是他们更青睐的。

4. 安全/稳定型职业锚

一个人拥有安全/稳定型职业锚，最基本也是最重要的要求就是安全稳定。他们特别不希望出现太多不确定的因素，只要有条件，他们会选择提供终身雇佣制，不解雇员工，有一个好的退休计划和福利制度、看起来强大和可靠的公司等，因此，政府机构、大学或可以提供一个终身职位的其他机构，是他们选择的行业。他们喜欢组织提供的中长期激励，希望自己的职业生涯随着组织的发展而发展，倾向于直接增加自己的工资和提高收入的激励方式。至于补偿金补贴，只要有一个稳定的、可预测的、以年资为基础的增长就可以。他们更喜欢一个开放的等级体系，根据过去的经验，有明确的晋升周期。

5. 创造/创业型职业锚

对于创业的人来说，最重要的事情是建造或设计完全属于他们自己的东西。独立职业者创业的动机来源于表达和拓展自主性的需要，而创造/创业型职业锚的人为了事业的成功，会不惜牺牲自由和稳定。在补偿方面，他们考虑的是所有权。在职业发展方面，他们想要的是一个能让他们做自己想做的事的职业，有一定的权利和自由来发挥自己创造性的作用。创造财富、建立业务和扩展职业是认可他们的一种方式。创造/创业型职业锚定位与其他职业定位有很多重叠之处。

6. 服务型职业锚

这些人只关注工作带来的价值，而不考虑自己是否能够发挥最佳水平。他们希望能够用自己的价值观影响雇佣他们的组织或单位，只要世界因他们的努力而变得更好，他们的价值观就会实现。至于薪酬补贴，他们想要的是基于贡献的、公平的、简单的薪酬。对他们来说，晋升和激励与钱无关，而是对他们贡献的认可。他们需要与他们有共同核心价值观的同事和上级的认可、支持。

7. 挑战型职业锚

这些人相信他们可以征服任何人或任何事。在他们看来，成功意味着"克服不可能的障碍，解决不可能的问题，战胜更强大的对手"，"更高，更快，更强"是这些人最喜欢的。他们挑战的不是一个领域，而是所有可以挑战的领域。如果他们没有挑战，他们就会失去工作的动力。这种人可能不太善于和那些价值观与自己不同的人交流、合作。

8. 生活型职业锚

这类人似乎没有职业支柱。他们需要的不是追求事业上的成功，而是找到合适的方式，将他们的职业需求、家庭需求和个人需求结合起来。因此，他们选择职业关注灵活性。在他们看来，人生的成功并不完全取决于事业或工作上的成功。相比于具体的工作环境和工作内容，他们更关注他们如何生活，如何与家人沟通，如何在生活中获得乐趣。"老婆孩子热炕头"在一定程度上反映了这种职业锚。

（三）正确理解职业锚应注意的问题

第一，每种职业锚都对应着一些典型的职业，而某些职业也可能对应着多种职业锚。

第二，职业锚不同于职业倾向，根据霍兰德的职业兴趣理论，人的职业倾向可能是六种类型中不同类型的组合，但职业锚对于个人来讲是单一的，他只可能拥有八种职业锚中的一种，无论何时都不愿意放弃的职业需求也可能是一种。

第二节　人职匹配理论

19世纪末20世纪初，欧美等发达国家兴起了社会变革运动，职业指导正是在这个时代背景下迅速兴起并发展到今天的。在漫长的发展过程中，形成了许多职业指导理论，其中人职匹配理论是出现最早、应用最广泛的理论。

一、人职匹配理论的含义与缘起

（一）人职匹配理论的含义

工作匹配理论以人格心理学作为理论基础，承认人的个体差异是普遍存在的，每个人都有一个独特的性格特征，同时，每一种职业由于其性质、工作环境和工作方式，如工人的技能、知识、技能、性格、气质、心理素质等也有不同的要求。所谓"人职匹配"，是以一种特殊的方式揭示了人的个性与职业性质之间的关系，是关于人的个性与职业性质匹配的理论。它是个体实现自身价值的前提，是现代人才评价的理论基础，是优化人力资源配置效益的基本途径。

人职匹配是一个动态的过程。人职匹配不仅是职业指导的基本原则，也是在这一原则指导下的职业选择行为。

（二）人职匹配理论的缘起

第二次工业革命开始后，通用机械代替手工劳动，劳动力市场两大变化：一方面，社会分工越来越精细，新的职业类型不断出现，很多人不能适应变化快的就业市场，职业指导在这个时代背景下应运而生，指导人们尽快匹配职位；另一方面，由于基础教育和职业技术教育的快速发展，学校毕业生越来越多，就业压力急剧增加。如何让毕业生在当时的就业形势下找到适合自己的出路，教育界开始了新一轮的研究革命。

与此同时，欧美发达国家恰巧兴起了心理测试运动，应用心理学迅速兴起并被广泛应用于社会生活的各个领域。因此，结合多种因素并基于心理测量进行人格测试，同时以人职匹配理论来分析就业市场的现象出现，在后来发展为具有代表性的职业指导理论，经久不衰。

二、人职匹配理论对我国大学生职业指导的重要意义

人职匹配理论不仅是大学生职业指导的指导理念，也是检验职业指导有效性的重要参考。在严峻的就业环境下，劳动力市场对求职者专业化水平的要求不断提高，不同岗位对人才的要求也更加具体化、差异化。因此，实现就业与人的匹配对于国家、高校乃至大学生都具有重要意义。

（一）有利于缓解当前我国大学生就业困境

面对当前复杂的就业形势，很多人将其主要归因于高校扩招，导致大学生人数不断增加，供给过剩。其实，造成大学生就业如此窘迫的原因，不仅有上面提到的大学生总数增长，还有其他原因。也就是说，除了高校规模的整体扩大之外，影响大学生就业的因素还有很多。

近年来，大学生的就业形势引起了越来越多的关注，关于大学生就业情况的调查报告越来越多。通过分类分析可以发现，对大学生求职比较有吸引力的地区仍然是北京、上海、广州、深圳等发达城市，而不是中西部地区。学生们对政府部门、国有企业和外企的热情依然高涨。许多用人单位表示，毕业生对薪资福利、工作地点和工作环境要求很高，并呼吁高校引导学生树立正确的就业观念。

在培养人才的过程中，高校可以坚持"以学生为本"的当代教育理念，通过多元化的就业指导，增强学生的自我特质分析和职业认知，纠正学生的就业观和价值观，从而促进人职最佳匹配的最终实现。坚持人与工作相匹配的理念，因材施教，对学生进行有针对性的就业指导，可以最大限度地发挥个人潜能，有助于实现充分和谐的就业，有效缓解大学生就业困境。

（二）有利于提高我国人力资源配置效率

人力资源管理的根本目的就是要提高人力资源的配置效率，而人职匹配本身就是提高人力资源配置效率的基本手段，即职得其才、才得其职、人职匹配。只有将人才安排在最合适的位置，才能充分开发、利用其潜能，最大限度地提高企业效益。

目前中国作为世界上人口最多的国家，人口的整体素质仍然有待提高。如果我们能够将沉重的人口负担转化为强大的人力资源优势，将在很大程度上促进国家的进步和发展，提高中国在世界上的核心竞争力。要实现这一转变，高校必须从人才培养、科学研究和服务社会的基本职能出发，进一步提高教育质量。另一方面，要坚持人职匹配，高度重视大学生就业指导的意义

和价值，避免高素质人才的流失和浪费。

实现人职匹配的基本前提是要求大学生形成准确的自我认知和自我定位，树立明确的职业意识，引导学生进行合理的学业和职业规划。目前，我国的职业指导制度还不够完善，中小学职业指导还处于空白状态。职业指导制度的缺陷导致了高中生在高考填报志愿时的盲目性和困惑性，使大学生从入学之初就出现错位现象，以致"人不匹配"的问题层出不穷。因此，中国需要进一步提高职业指导，在人职匹配概念的指导下，完成有效联系中小学和大学职业指导，强调人职匹配的重要价值，充分利用人才，并充分利用中国丰富的人力资源的优势和潜力。

（三）有利于大学生形成正确的就业观

人职匹配的前提是认识个体特征与职业的差异，并实现两者的合理匹配。职业中没有等级之分。构建社会主义和谐社会，归根到底就是要使不同阶层、不同职业的人相互尊重、相互理解、相互包容，使人民安居乐业，社会安定团结。按照习近平总书记提出的"中国梦"，就是"让人民共享成就人生的机遇"。也就是说，社会上的各种职业都是平等的，都有其存在的理由。我们每个人都可以在合适的位置实现自我价值，实现我们的"中国梦"。因此，对人职匹配理论要有深刻的理解，正确理解个体差异和全面了解各种职业，而不是片面追求"体面"和"高尚"的铁饭碗，形成正确的就业观点，有利于自己事业的发展，也有利于社会主义和谐社会的建设。

（四）有利于大学生实现个人价值与社会价值的和谐统一

社会发展与个人发展紧密相关，密不可分。在当前全面建成小康社会的宏伟蓝图下，我们不仅要追求个人价值，更要作为社会的一员为社会发展做出贡献。根据马斯洛需求层次理论，大学生毕业后首先需要通过工作独立满足自己的基本生存需求、安全需求和社会需求。当一份工作变成一份事业时，尊重和自我实现的需要更加突出。逐步达到需求层次金字塔的顶端，促进个人价值与社会价值的和谐统一的最终实现。

人职匹配理论是基于承认个人特征差异的基础上，结合专业市场，如果能达到个人和职业的最佳匹配，那么人们将在和谐的气氛中工作，工作效率会提高，更有利于职业发展，实现个人价值和社会价值的最大程度的和谐。

（五）有利于促进大学生获得职业生涯成功

就业是每个人都要面对的问题。我们必须通过工作在社会上谋生，这是职业最基本的功能。在更深层次上，事业上的成功可以为更幸福的生活提供物质保障。要想事业成功，就必须认识到人与工作的重要性，根据组织行为学理论，在某一组织中的个人必须与该组织中工作岗位的要求相匹配。这种匹配，首先是指组织中个体的能力与工作岗位相匹配，其次是指组织中个体的人格特征与工作岗位相匹配。只有人与工作合理匹配，才能充分发挥人的最大能动性，充分挖掘人的潜能，有利于职业发展。

诸多关于大学生就业调查发现，很多学生在面临毕业时更为倾向于"先就业再择业"，但这种就业心态不利于稳定就业，后期他们很可能因为不适应或不喜欢而频繁跳槽，进而影响个人职业生涯的可持续发展。高校是培养人才的摇篮，本着实现高校服务社会的基本职能，高校应坚持在人职匹配理念指导下，完善大学生职业指导工作，为促进大学生的职业发展而做出努力。

第三节　职业生涯决策理论

职业生涯决策理论是从职业生涯决策的组成要素、步骤、程序、阶段及相关问题的角度，对个体进行职业选择和职业决策时的一些规律进行的探讨和总结。早期的职业理论承认决策过程的重要性，认为这是一种自然现象。以帕森斯为代表的职业选择学者认为，只要个人拥有足够的、正确的数据，就可以在选择职业时做出正确的决定。他们更加强调信息的重要性，把决策作为次要的必然结果。

但随着职业理论的发展，研究者们越来越认识到决策过程的重要性。因此，决策过程也从最初的辅助作用上升到公众关注的主导作用，在职业生涯的发展中占据重要地位。

一、彼得森的认知信息加工理论

职业决策理论的代表加里·彼得森在决策策略和发展的理论基础上，提出了认知信息加工理论，该理论包括信息加工金字塔模型，以及 CASVE 循环的核心理念，是简单而有效的职业决策方法。

（一）信息加工金字塔模型

信息加工金字塔模型包括职业选择所涉及的各个阶段，主要由三个阶段组成。

第一阶段为知识领域。这个领域类似于在计算机中收集和整理数据文件的过程。个体通过对人格、价值观、素质和能力的自我认知，以及对工作环境的职业认知和职业教育，对相关信息进行加工和处理，从而帮助自己解决职业问题、做出职业决策。

第二阶段为决策能力领域。这个领域类似于一个计算机程序，由做出正确决定的五个步骤组成，被称为 CASVE 循环，指导个人如何做出职业决定。

第三阶段为执行处理领域。这一领域的工作类似计算机的控制功能；在这个领域中，个人会思考决策的整个过程，决定何时和如何工作来实现目标，以及解决职业问题的方法。在这一层次中，元认知的概念也涉及其中。认知是指人们的思维方式和信息加工的过程；元认知是指认知过程的认知，也叫内省认知。

（二）CASVE 循环

在认知信息加工理论中，决策被认为是职业发展的关键环节。该理论中的 CASVE 循环将逐一分析个体决策的具体过程。CASVE 循环主要是一个沟通、分析、综合、评估和执行这五个步骤的双向过程，以确保个人决策的顺利做出。

1. 沟通（communication）

通过沟通，我们会发现问题信号，感知到理想情况与现实情况之间的差距，并将其作为代表信号由内而外展示出来。这样，个人就会注意到问题的不可忽视性，意识到"我需要做出选择"，并开始 CASVE 循环。

2. 分析（analysis）

发现问题后，我们需要思考、观察、研究，以便更具体地提出问题，考虑各种可能的结果。我们应该了解我们自己和我们的各种选择，了解我们在获取信息时采取的步骤，以及我们在平时做出重要决定的方式。我们应该建立自我认识和专业知识这两个领域的联系，找出我们的职业选择观与社会需求的契合程度，并对不同的选择进行分析。

3. 综合（synthesis）

综合阶段是扩大和缩小我们的选择清单的过程。我们希望尽可能扩大我们的问题解决方案列表，通过头脑风暴和广泛撒网来仔细寻找方案。然后，对这些选项进行整合，减少至 3 到 5 个，主要保留与自己知识结构一致的解决方案，使简化后的选项有利于问题的解决。

4. 评估（valuing）

全面评估各种选择将有助于做出正确的最终决定。以工作为例，详细列出不同选择的影响项目要素，如目标、工作区域、报酬、发展空间、工作环境、产业文化等，并逐项分析，进行综合评价。我们可以根据每个人的道德价值观来判断每个选择，问问自己，什么对我个人来说是最好的？对团队其他人来说什么是最好的？什么对我所在的团队最好？在此基础上，对各种选项进行排序，以便做出自己的最佳选择。

5. 执行（execution）

执行环节是实施一系列前期选择，通过建设进度、里程碑阶段目标、预算、流程等为前期选择进行的实际操作。以求职岗位为例，前期需要为培训做准备，中期需要进行实习、兼职等实践测试，最后是面试、入职。在这个过程中，可能会有压力、风险和挑战，我们需要坚持这些合乎逻辑的步骤来完成自己的目标，这样，个人的决策过程也会变得更加合理和完善。

经过一系列的沟通、分析、综合、评估和执行的循环，我们需要检查和验证问题信号是否消失，问题解决过程是否成功，是否需要启动新的 CASVE 循环。否则，将进入一个新的周期。

（三）改善元认知的技能

在执行这个关键的决策步骤中，提高对元认知的掌握程度是实现这一目标的重要途径。元认知过程一般包括以下三个方面：

1. 自我对话

自我对话在很大程度上是一种重要的心理暗示，这些暗示也有积极和消极的作用。当一个人认为自己擅长某一领域，有能力实现自己的目标时，有必要有意识地进行自我对话。积极的自我对话为决策创造了积极的期望，从而强化了个人的积极行动。相反，消极的自我对话会对职业决策产生消极影响，严重影响个体的自信心，导致决策时的优柔寡断，阻碍个体做出正确的决策。

2. 自我意识

自我意识是对行为和情绪的意识。个体意识到他们是任务的执行者。在从事信息处理任务时，不仅要了解自己的感受，还要关注身边其他人和团队的需求。及时微调，平衡自身、他人和社会的利益，做出对自己和他人利大于弊的选择。

3. 控制监督

控制对认知的监督过程将决定我们的行动和情绪的节奏。如是继续还是停止收集更多的相关信息；及时权衡决策过程中可能出现的冲动反应；意识到自己的差距、注意准备、提醒自己承诺的截止日期等，都受到认知的控制和监督。为了使计划中的目标实现过程与实际行为相一致，需要掌握认知的控制和监督模式。

二、克朗伯兹的社会学习理论

美国班杜拉的社会学习理论，在 20 世纪 70 年代，侧重于观察学习和自我调节在引发人的行为中的作用，重视人类行为和环境之间的相互作用，并强调在自然的社交场合人的各种行为的研究。该理论认为影响职业选择的主要因素如下：

第一，遗传因素和特殊能力，如身体技能、外在障碍、内在素质、音乐和艺术能力等。

第二，环境条件和特殊事件，如社会进步、社会制度变迁、各种劳动法规规章、家庭环境资源等。

第三，学习经验，如事物的认知与行为、观察学习、工具性学习等。

第四，职业选择中的工作导向技能、目标设定和情绪反应。

美国斯坦福大学职业规划硕士克朗伯兹吸收了班杜拉社会学习理论的精华，继承并发展了这一理论。在分析了影响职业选择的因素后，他提出了社会学习理论中职业决策的具体步骤模型，可分为以下七个过程：

第一，定义问题。知道你是谁，知道你想要什么，了解你的需求和个人限制，了解你的优缺点，在此基础上，确定你的目标并制定一个实现它们的粗略时间表。

第二，制订行动计划。在明确自身需求和目标的基础上，分析可能实现目标的各种行动计划，并制定实现目标的计划。

第三，明确的价值观。定义你的选择标准，阐明你的价值观，确定你最想要的，然后用这个标准来评估和衡量备选方案。

第四，找到可能的选择。收集数据以确定实现目标的可能方案。

第五，评估所有可能的选择。对所有可能的选择逐一进行评价，分析比较它们的优缺点，根据自己的评价标准找出可能的结果。

第六，系统剔除不合适的解决方案，选择最合适的方案。

第七，行动起来。开始实施行动计划，努力达到预定的目标。

克朗伯兹的社会学习理论特别强调社会和遗传因素对自我决策的影响。一个人在选择职业时，不仅要考虑遗传因素，还要考虑社会因素的影响。在这个选择过程中，学习的重要性也显露出来。职业决策被认为是一种获得性的职业技能，可以通过教育和学习来提高。

三、奇兰特的职业决策过程模式

奇兰特在 20 世纪 60 年代提出了职业决策过程模式。他认为决策是由一系列的决策组成的，每一个决策都会影响后面的决策。因此，决策是一个发展的过程，而不是单一的事件。这也表明，职业决策不是一个单一的选择或结果，而是一个不断做出决策和修正的长期过程。决策的基础是选择最有利因素和最不利因素最少的方案。这个模型特别强调了数据的重要性。奇兰特将个人数据处理策略分为三个系统：

第一，预测系统。要预测不同选择可能产生的结果，就要估计每一项行动可能导致该结果的概率，并以此作为采取何种行动的参考。

第二，价值系统。个人对各种可能的行动的喜好程度。

第三，决策系统。为了判断各种行动方案的标准，选择取向分为以下几类：（1）期望取向，即选择可能达到个人最期望结果的行动方案。这个计划与个人的职业观是一致的，与个人的兴趣和专业知识是最一致的。但是，成功的概率很小，所以风险很大。（2）安全取向，选择最安全、最保险的行动计划。这个方案适合那些追求稳定的人，但是这个方案可能与个人的职业兴趣不一致。（3）回避取向，避免选择可能导致最坏结果的行动路线。这也适合追求安全、不爱挑战的人，选择的结果可能与个人的期望有所不同。（4）综合取向，综合考虑个体对行动结果的需要来选择行动计划。这个方案成功的可能性很大，可以避免最坏的结果。

奇兰特的职业决策过程模式中，关于职业生涯决策的步骤是：根据自己的需要确定决策目标；收集目标相关信息，了解可能采取的行动；根据所获得的信息，预测每个可能行动的成功概率及其结果；根据价值体系，估计个人对每个行动计划的满意程度；评估可能的方案，并选择一项予以实施；如果目标达到了，决策将被终止，并将做出下一个决策。如果这样做不成功，继续调查其他可能的选择。

四、丁克里奇的决策风格论

风格是指不同的人在做事方式上表现出的习惯性偏好。决策风格是影响决策效果和效率的重要因素。丁克里奇利用访谈研究来确定成年人在做出职业决策时所使用的策略和决策类型。丁克里奇发现个人在决策时有八类风格：第一类为冲动型，进行决策时相当冲动，非常随意；第二类为宿命型，相信命运，相信可遇不可求，一定要等到必然的机会才进行决策；第三类为顺从型，自己无法做主，而顺从他人为自己确定的决策；第四类为延迟型，喜欢拖拉，不到最后一刻不进行决策；第五类为烦恼型，总是希望尽可能多地收集与决策相关的信息，但又无法摆脱担心和烦恼；第六类为计划型，非常理性、有条不紊、按部就班地收集信息，做出分析并进行决策；第七类为直觉型，相信感觉，依据感觉的好坏来进行决策，但又不能具体说明原因；第八类为瘫痪型，愿意接受进行决策的责任，但却又非常恐惧焦虑，导致不能进行任何实质性的决策。八种决策风格没有绝对的优劣之分，每种风格都有其适用范围和局限性。决策风格受性格影响，受环境塑造，并不是绝对不变的。

第四节 职业生涯发展理论

随着研究的进一步发展，职业生涯发展理论也开始更加倾向于从动态和发展的角度来研究人们的职业行为和每个发展阶段，最初相对稳定的静态概念"职业"逐渐被动态概念"职业"所取代。

一、金斯伯格的职业选择理论

（一）基本观点

金斯伯格是职业选择理论的先驱，1951 年出版专著《职业选择》，提出了职业发展理论的基本观点，主要如下：

第一，职业选择是一个发展的过程。职业选择不是一个单一的决定，而是随着时间的推移做出的一系列决定。在这个过程中，每个步骤都与接下来的步骤有一些有意义的关系。

第二，职业选择过程在很大程度上是不可逆转的，因为在这个过程中做出的每一个决定都取决于个人的年龄和具体发展情况。

第三，这一过程或许以某种妥协告终。一系列内部和外部因素影响着个人的决定，一个人必须权衡影响职业选择的主要因素（兴趣、能力和实践机会）。

（二）发展阶段

金斯伯格把人的职业选择心理的发展分为三个主要时期，即幻想期（fantasy period）、尝试期（tentative period）、现实期（realistic period）。在尝试期和现实期中，又做了进一步划分。

1. 幻想期（11 岁以前）

11 岁之前的童年是一个充满幻想的时期，在这个时期人们往往希望带着对理想职业的憧憬快速成长。在这个阶段，个体大多具有强烈的情感色彩，思想是盲目的、冲动的。他们对职业需求的内涵还没有形成自己的思考，完全处于幻想之中。因此，个体在这一时期表现出相对不稳定的表现。

2. 尝试期（11~18岁）

这个阶段和青春期有重叠，个体生理和心理发展变化快，有自己的独立意识，价值观念开始形成，知识和能力显著增长和提高，已初步了解社会和生活的经验，开始形成自己的职业兴趣，开始思考未来的职业道路、自己面临的任务。但是，由于长期处于学校学习，个体对职业选择考虑更多的还是自己的兴趣，难免有一些理想主义的色彩。

金斯伯格按照年轻人考虑择业因素的顺序，把尝试期又分如下四个阶段：兴趣阶段（11~12岁）、能力阶段（13~14岁）、价值阶段（15~16岁）和过渡阶段（17~18岁），其中价值阶段是职业形成最重要的时期。而尝试期的最后一阶段过渡阶段和现实期的第一阶段探索阶段给年轻人提供了一次重新开始职业选择过程的机会。随着阶段的发展，个体开始从考虑非常主观的个人兴趣、能力和价值观转向不断关心现实所提供的机会和遇到的限制。

3. 现实期（18岁以后）

在现实时期，个人从中学开始进入大学，或者直接进入社会从事专业活动。在这一时期，他们将自己的主观能力、条件与客观的社会环境紧密联系、协调起来。兴趣、能力、价值观等个人因素不再是择业的唯一决定因素。这一时期的最大特点是客观性和现实性。

个体在这一阶段逐步成熟和进步。根据整个阶段的发展历程，这一阶段还可以细分为以下三个重点不同的发展阶段：

（1）探索阶段

个人尝试将自己的选择与社会的需要联系起来，开展各种探索活动，探索各种职业机会的内涵框架，为自己的下一个职业选择做好准备。

（2）具体化阶段

个人职业化目标基本确定后，进一步对目标进行分解细化，为实现这一目标而努力。

（3）特定化阶段

为了实现一个特定的职业目标，一个人会开始更加专业、全面努力，例如准备去更高水平的大学继续学习，或计划接受特殊的培训等，为特定的就业做准备。

由于金斯伯格的研究对象是美国中产阶级的孩子，所以具体的时期和阶段划分可能与其他阶层和文化背景的年轻人不一致。但除了具体年龄阶段的划分，他研究的职业选择的心理发展过程是合理和科学的。虽然金斯伯格对早期职业发展很关注，但并没有否定职业选择的长期性。20世纪80年代，金斯伯格在其职业选择理论中再次强调：对于那些主要从工作中寻求满足的人来说，职业选择是一生的决策过程，他们不断地重新评估如何才能促进改变自己的职业目标与工作现实之间的合作。同时，金斯伯格提出了终身选择过程中的三个因素，即最初的职业选择因素、最初选择与后来的工作经验之间的反馈因素、经济和家庭环境因素。金斯伯格对人的早期职业发展进行了细致的研究和独特而具体的分析。然而，进入职业角色后如何进一步调整和发展职业生涯并不是金斯伯格研究的重点，需要其他理论体系来完善。

二、舒伯的职业发展理论

舒伯是继帕森斯后职业发展研究领域又一位里程碑式的大师。在前人研究的基础上，舒伯建立了一个宏大的理论体系，研究并划分了个人整个生命中的职业生涯。这一理论得到了大多数职业生涯研究者的认可，成为职业生涯研究领域的重要理论。

20世纪50年代舒伯提出了其职业发展理论的10条基本假设，后又扩展到12条，这12条基本假设代表了舒伯理论的核心，具体如下：

第一，事业是一个连续、渐进、不可逆转的过程。

第二，职业发展是一个有序、模式化、可预测的过程。

第三，职业发展是一个动态的过程。

第四，自我概念在青少年时期开始出现和发展，在成年阶段转变为职业概念。

第五，从青春期到成年，随着时间的推移和年龄的增长，现实因素（如人格特质和社会因素）对个人职业选择越来越重要。

第六，父母的认可会影响个体正确角色的发展和角色之间的一致性与协调性，以及对职业规划和结果的解释。

第七，职业发展的方向和速度与一个人的智力、父母的社会地位、对地位的需求、价值观、兴趣、人际交往能力和供求关系有关。

第八，个人的兴趣、价值观、需求、父母的认可、社会资源的使用、个人的教育背景、所在社会的职业结构、趋势和态度都会影响个人的职业选择。

第九，虽然每种职业对能力、兴趣和个性都有具体的要求，但允许不同类型的人从事同一职业，或者一个人从事许多不同类型的工作是可能的。

第十，工作满意度取决于一个人的能力、兴趣、价值观和个性能否在工作中得到适当的发挥。

第十一，工作满意度与个人在工作中的自我实现程度有关。

第十二，对大多数人来说，工作和事业是生活的焦点，虽然对少数人来说，这样的机会并不重要。

舒伯以美国人作为研究对象，根据人的成长和心理发展过程，把人的职业生涯划分为五个主要阶段。

（一）成长阶段（0~14岁）

成长阶段属于认知阶段。在这一阶段，个体通过家庭成员、老师、朋友的认同和互动，逐步建立自我概念，经历从职业好奇、幻想到兴趣，再到职业能力的自觉培养的渐进成长过程。这一阶段可分为三个阶段：

1. 幻想期（0~10岁）

儿童从外界感知到许多职业，对他们感兴趣和喜爱的职业充满幻想和模仿。

2. 兴趣期（11~12岁）

以个体的兴趣为中心，通过理解和评估职业来做出职业选择。

3. 能力期（13~14岁）

开始考虑自己的资历是否与自己喜欢的职业相匹配，并有意识地培养自己的能力。

（二）探索阶段（15~24岁）

探索阶段属于学习的基础阶段。在这一阶段，个体会认真探索各种可能的职业选择，对自己的能力和才华做出现实的评估，并根据未来的职业选择做出相应的教育决策，完成职业选择和初次就业。

1. 试验期（15~17岁）

全面了解并考虑自己的兴趣、能力和职业社会价值、就业机会，开始尝试择业。

2. 过渡期（18~21岁）

正式进入劳动力市场，或接受专门的职业培训，以确定一定的职业方向。

3. 实验期（22~24岁）

在选定的领域开始一份职业，并尝试职业目标的可行性。

（三）确立阶段（25~44岁）

确立阶段属于选择和安置阶段。探索和发展稳定职业的早期阶段是大多数人职业周期的核心部分。

1. 尝试期（25~30 岁）

个体在他选择的职业上安定下来。重点是寻求事业和生活的稳定。同时，对最初的就业所选择的职业和目标进行一次回顾，如果有问题需要重新选择，可能改变职业。

2. 稳定期（31~44 岁）

为个体的职业目标而努力，是一个富有创造力的时期。

3. 职业中期危机阶段

个体在三四十岁的时候，可能会发现自己并没有离自己的职业目标更近，也没有发现新的目标，这时需要重新评估自己的需求和目标。

（四）维持阶段（45~65 岁）

维持阶段是提升和专业化阶段。由于个体长期从事某一职业并在该领域占有一席之地，他不再考虑改行，只是保持现有的成就和社会地位；保持家庭与工作的和谐关系，传承工作经验，寻找接班人。

（五）衰退阶段（65 岁以上）

衰退阶段属于退休阶段，由于健康和工作能力的逐渐下降，即将辞去工作，职业生涯结束。因此，这个阶段个体要学会接受权力和责任的减少，学会接受新的角色，适应退休后的生活，以减缓身心的衰退，保持活力。

舒伯根据年龄对职业生涯阶段进行了划分，但在现实中职业生涯是一个连续的过程，每个阶段的时间没有明确的界限，其持续时间的长短往往因人而异，有时还可能出现阶段重复。因此，舒伯在后期对这一理论进行了深化。他将每个阶段分为成长、探索、建立、维持和衰退几个阶段（见表 2-2）。这种由大阶段覆盖小阶段的螺旋发展模式，使得各个阶段的发展任务更加紧密地联系在一起。

表 2-2　职业生涯各阶段循环式发展模式表

生涯阶段	青年 （15~24 岁）	成年 （25~44 岁）	中年 （45~65 岁）	老年 （65 岁以上）
成长阶段	树立自我概念	学习建立人际关系	接受个人条件制约	发展非职业性的其他角色
探索阶段	寻找学习机会	寻找心仪的工作机会	迎接新挑战并努力解决	寻找退休离职后的休憩地
确立阶段	在初定职业中起步	积极投入工作，力求上进	发展新的应变技能	完成未完成的梦想

生涯阶段	青年 (15~24 岁)	成年 (25~44 岁)	中年 (45~65 岁)	老年 (65 岁以上)
维持阶段	验证当前的职业选择	稳固职位,维持安定	加强自我,笑迎竞争	继续参与有兴趣的工作与生活
衰退阶段	减少休闲活动时间	减少运动的时间	集中精力于感兴趣的活动	减少工作时间

职业发展理论的贡献在于,职业选择不是个体面临职业选择时发生的单一事件,而是个体生命中一个长期持续的过程。职业规划也是一个系统的、长期的过程,因为职业发展贯穿于人的一生。舒伯最突出的贡献是提出了一个完整的职业发展阶段模型,具有重要的现实意义。舒伯的职业发展理论系统性极强,具有相当大的合理性,同时又吸收了已有理论的合理之处,因而涵盖面较宽,其理论可以说是职业生涯规划理论发展史上的里程碑。

当然,舒伯以美国白人中产阶级为研究对象,所以年龄划分、具体特点和职业生涯发展阶段的内容可能不适合于来自其他国家的人,但它仍然可以为进一步的研究提供灵感。

三、格林豪斯的职业发展理论

格林豪斯从不同年龄阶段职业发展所面临的主要任务的角度来研究职业发展,并在此基础上将职业发展分为五个阶段:

(一)职业准备阶段(0~17 岁)

这一时期的主要任务是发展职业想象力,评价和选择职业,接受必要的职业教育和培训。在这个阶段的个体,他们开始了解社会各种职业与一些专业经验和评价,结合个人的目标和利益等进行初步的职业选择,并通过学校教育,获得基本专业能力的培训,取得相应的资格证书,等等。

(二)进入组织阶段(18~24 岁)

这一阶段的主要任务是在获取足量信息的基础上,在一个理想的组织中尽量选择一种合适的、较为满意的职业。该阶段被视为"找工作—找到工作—找到合适的工作"这三步走的缩影时期。对于大多数职场新人来说,毕业初期经过一段时间找到工作,就职后进一步熟悉和了解所处的行业和职位,处于继续适应和学习中,如果对企业文化、行业、雇主不满意,可能就会选择离职或换工作。因此,进入组织的时期往往是人们的职业体验期,在工作中了解自己真正的职业兴趣,评估职业,争取最适合自己的岗位。

（三）职业生涯初期（25~39 岁）

职业生涯早期的主要任务是学习职业技能，提高工作能力；了解和学习组织纪律和规范，逐步适应专业工作，融入组织；为未来事业的成功做准备。无论是学习、生活还是工作，最理想的职业是找到符合自己真正的兴趣，能发挥自己的才能，带着极大的兴趣的职业。

（四）职业生涯中期（40~55 岁）

职业生涯中期阶段的主要任务是重新评价职业，强化或改变职业理想。选择自己的事业，努力奋斗，争取成功是这一阶段的主要任务。经过早期的实践，个体可能会产生重新评估和选择职业发展的想法。是继续走过去的发展道路，发展自己理想的职业，还是未雨绸缪，这是一个重要的抉择。在这个年龄段，家庭、生活等各方面的责任和负担使个体的选择不允许有丝毫的失误。

（五）职业生涯后期（55 岁以后）

这个阶段的主要任务是保持个体的事业成就，保持个体的尊严，为退休做准备。一方面继续发挥余热，另一方面也会为退休后的生活做出及时的计划。年轻时的爱好、理想、未实现的愿望，都可能成为消磨时间和寻找幸福的行动源泉。

格林豪斯的职业发展理论从个人工作的角度将职业发展过程分为几个阶段，涵盖了一个人的整个职业生涯。它在逻辑上是清晰的，但在实际操作上却显得有些薄弱。在实际应用中，我们往往结合其他细分阶段的理论分析和整合特点，将大阶段分解为小步骤和小目标。

四、施恩的职业发展理论

施恩立足于人生不同年龄段面临的问题和职业工作主要任务，把职业生涯分为九个阶段。

（一）成长、幻想、探索阶段（0~21 岁）

这一阶段的主要任务是发展和发现自己的需要和兴趣、能力和才能，为做出实际的职业选择奠定基础；学习专业知识，寻找现实的榜样，获取丰富的信息，发展和发现自己的价值观、动机和抱负，做出合理的教育决策，把童年的职业梦想变为现实；接受教育和培训，培养工作所需的基本习惯和技能。在这个阶段，个体的角色主要是介于学生和求职者之间。

（二）进入工作阶段（16~25 岁）

这一阶段的主要任务是进入劳动力市场并获得第一份可能构成职业基础

的工作。一个正式的和可行的合同是在个人和雇主之间达成的，在这个合同中，个体作为一个新成员成为一个组织或行业的成员。

（三）基础培训阶段（16~25岁）

在这个阶段，个体已经选择了一个职业，成了一个组织的一员，需要扮演实习生、新手的角色。这一阶段的主要任务是了解和熟悉组织，接受组织的文化，融入工作小组，尽快获得组织的会员资格，成为正式成员。同时，也要适应日常的操作程序，做好本职工作。

（四）早期职业的正式成员资格（17~30岁）

在这一阶段，个体已获得该组织的正式会员资格。这个阶段的主要任务是承担责任，并成功地完成工作上分配的相关任务；发展和展示个体的技能和专业知识，为职业发展或进入其他领域打下基础。根据个体的才能和价值观，以及个体在组织中的机会和限制，个体需要重新评估其所追求的职业，决定是留在组织还是从事其他职业，或者在个体的需求、组织的限制和机会之间找到一个更好的平衡。

（五）职业中期（25岁以上）

在这一阶段，个体在职业生涯的中期已经是一个成熟的成员，他的主要任务是：保持技术竞争力，继续在所选择的专业或管理领域学习，努力成为专家或专业专家；承担更大的责任，确立自己的地位；制定个人长期职业规划。

（六）职业中期危险阶段（35~45岁）

这一阶段的主要任务是现实地评估个体的进步、职业抱负和个人前景。要么接受现状，要么追求一个看得见的未来；与他人建立师徒关系。

（七）职业后期（40岁以后到退休）

这一阶段的主要任务是成为一名良师，学会影响、引导、指挥他人，为他人承担责任；拓展、发展或深化技能或才能，以承担更大的范围和责任；如果个体选择在这一点上稳定，他应该接受并面对自己的影响力和挑战能力的下降。

（八）衰退和离职阶段（40岁以后到退休）

这一阶段的主要任务如下：第一，学会接受权力、责任和地位的衰落；二是在竞争力下降的基础上，学会接受和发展新的角色；第三，评估自己的职业生涯，然后开始退休。

（九）离开组织或职业，即退休

在失去工作或组织角色后，个体面临着两大问题或任务：一是保持身份认同感，适应角色、生活方式和生活水平的巨大变化；二是保持自我价值，利用自己积累的经验和智慧，发挥各种资源的作用教导他人。

需要指出的是，施恩虽然基本依照年龄增长顺序划分职业发展阶段，但并未囿于此，其阶段划分更多的是根据职业状态、任务、职业行为的重要性，又结合每个人经历某一职业阶段的年龄差异性，只给出了大致的年龄跨度，所划分职业阶段的年龄也有所交叉。

第三章　大学生的自我认知与职业认知

第一节　大学生的自我认知与学习能力

一、大学生自我认知的内涵

大学阶段是一个自主学习、独立生活的时期，并且是大学生成长、成熟和发展的重要阶段。在相对自由的环境下，自我认知在很大程度上影响了大学生的成长走向。

（一）自我认知

自我认知通常指的是一个人的自我认识和自我定位。意识的控制在学习和成长之中都是至关重要的。自我认知是行为主体对作为具有客体属性的主体的认知和评价等多方面的活动。

自我认知是一个多维度的心理学概念，它涉及个人对自身各个领域的认知，主要包含了生理上的自我、心理上的自我和社会中的自我。所谓认知生理上的自我即对自己的身体状况、外貌等的认识。认知心理上的自我即对自己的性格、兴趣、价值观等的认识。认知社会上的自我即对自身所处的社会角色、周边的人际关系、个人和家庭经济状况等的认识。

可以将自我认知的概念表述如下：个体正确客观地认识和评价自己。自我认知是自我意识的基础成分和主要内容，是自我实现的前提和基础，是自我实现能力的重要构成部分，是对自己的洞察和理解，包括自我观察、自我图式、自我概念和自我评价等。恰当地认识自我，实事求是地评价自己，是自我调节和人格完善的重要前提。

（二）大学生自我认知

大学生自我认知是指以所学专业知识和技能为根基，充分认识自我和了解社会需求，并对自身目标和职业基本规划方面的认知。在对自我主客观条件进行测定、分析、总结的基础上，对兴趣、爱好、能力、特点进行综合分析与权衡，结合时代特点，确定其最佳的奋斗目标，并为实现这一目标做出行之有效的安排。

大学生自我认知主要包含大学生的自我认识和自我评价两个部分，所谓自我认识，是大学生个体对自身的思维、能力、特点等内在特征的感知和觉察；而自我评价是大学生个体对自己内心的想法、需求、行为和人格等特征的判断和评估。大学阶段是大学生自我认知发展和完善的重要阶段，因此大学生的自我认知水平不仅对其身心发展有着很大的影响，而且还会对其自我价值的实现产生一定的引导作用。

对大学生自我认知的研究要立足于当前时代的发展现状，同时也要结合各高校学生身心发展的特点，通过不断改进思想政治教育来提高大学生的自我认知水平。这样，大学生才能够在社会发展中利用自我认知能力，不断完善自己并健康成长，为实现社会主义现代化的目标贡献自己的力量。

（三）大学生自我认知的重要性

自我认知问题不仅是关乎个人能力能否得到发挥，个人价值能否实现的问题，而且是一个影响社会进步与发展的问题。对于正处于成长和成熟重要阶段的当代大学生来说，进行正确的自我认知显得尤为重要。

一般来说，自我认知是在个体对自己过去的经历、自身特点的逐步认识的过程中形成和发展起来的。因此，正确的自我认知不仅是大学生了解自身的必要前提，而且也是其展望并合理规划今后学习及生活的重要基础。

大学生在进行正确自我认知的同时，也需要能够进行积极的自我体验和自我调节。自我体验即主观自我对客观自我所持有的一种态度，是自我意识在情感上的表现形式，反映了自身需求与客观现实之间的关系。大学生只有通过客观正确的自我认知才能及时准确地了解主观自我具有的动机与存在的需求，并且将其与客观自我的现实相联系，实现积极的自我体验。而在自我体验的过程中必定会发现主观需求与客观实际存在偏差的地方，产生消极的自我体验，形成负面的心理问题，这时便需要进行积极的自我调节，通过调节主观需求与客观现实之间的差距达到自我内在的平衡，以此促进自身的不断成长，而对自我的正确认知也是进行自我调节的前提与基础。

大学生只有在正确认识自我的基础上才能进一步准确理解社会发展现状，

并将主观的个人需求与客观的社会发展需要相结合，在促进社会发展进步的过程中实现自己的个人价值与理想。

二、性格认知与兴趣认知

（一）性格认知

1. 性格的概念

性格是一个人对现实的稳定的态度，以及与这种态度相应的、习惯化了的行为方式中表现出来的人格特征。性格一经形成便比较稳定，但是并非一成不变，而是可塑的。不同于气质，性格更多体现了人格的社会属性，个体之间的人格差异的核心是性格的差异。

性格特征具有稳定性。不是任何态度和行为方式都能表明人的性格。如一个人偶尔在一次劳动中表现得很勤劳，还不能说他具有勤劳的性格特征，只有在多次的劳动中都表现出勤劳，才能说他具有这种性格特征。正因为个体在生活实践中形成的对现实的态度和行为方式具有稳定性、习惯性，所以我们掌握了他的性格特征，就能预料到他在某种情况下将持有什么样的态度和采取什么样的行动。

性格是在社会生活实践中逐渐形成的，一经形成便比较稳定，它会在不同的时间和不同的地点表现出来。但是，性格具有稳定性并不能说明性格是不会改变的。一个人的性格形成后，生活环境的重大变化极有可能会使其性格特征发生显著变化。

2. 性格的特征

从组成性格的各个方面来分析，可以把性格分为态度特征、意志特征、情绪特征和理智特征四个组成部分。

（1）态度特征

性格的态度特征主要指的是一个人如何处理社会各方面的关系的性格特征，即他对社会、对集体、对工作、对劳动、对他人及对待自己的态度的性格特征。

性格的态度特征，好的表现是忠于祖国、热爱集体、关心他人、乐于助人、大公无私、正直、诚恳、文明礼貌、勤劳节俭、认真负责、谦虚谨慎等；不好的表现是没有民族气节、对集体和他人漠不关心、自私自利、损人利己、奸诈狡猾、蛮横粗暴、懒惰挥霍、敷衍了事、不负责任、狂妄自大等。

（2）意志特征

性格的意志特征指的是一个人对自己的行为自觉地进行调节的特征。按照意志的品质，良好的意志特征如有远大理想、行动有计划、独立自主、不受别人左右；果断、勇敢、坚忍不拔，有毅力、自制力强；不良的意志特征如鼠目寸光、盲目性强、随大流、易受暗示、优柔寡断、放任自流或固执己见、怯懦、任性等。

（3）情绪特征

性格的情绪特征指的是一个人的情绪对自身活动的影响，以及对自己情绪的控制能力。良好的情绪特征是善于控制自己的情绪，情绪稳定，常常处于积极乐观的心境状态；不良的情绪特征是事无大小都容易引起情绪反应，而且情绪对身体、工作和生活的影响较大，意志对情绪的控制能力又比较薄弱，情绪波动，容易消极悲观。

（4）理智特征

性格的理智特征是指一个人在认知活动中的性格特征。如认知活动中的独立性和依存性：独立性强的人能根据自己的任务和兴趣主动进行观察，善于独立思考；依存性强的人则容易受到无关因素的干扰，愿意借用现成的答案。想象中的现实性：有人现实感强，有人则富于幻想。思维活动的精确性：有人能深思熟虑，看问题全面；有人则缺乏主见，人云亦云或钻牛角尖等。

（二）兴趣认知

1. 兴趣的概念

兴趣是个人力求接近、探索某种事物和从事某种活动的态度和倾向，亦称"爱好"，是个性倾向性的一种表现形式。兴趣在人的心理行为中具有重要作用。一个人对某事物感兴趣时，便对它产生特别的注意，对该事物观察敏锐、记忆牢固、思维活跃、情感深厚。

兴趣是在需要的基础上，在社会实践的过程中形成和发展起来的，它反映人的需要，成为人对事物认识和对知识获取的心理倾向。一个人只有对某种客观事物产生了需要，才有可能对这种事物发生兴趣。例如，一个人感到了学习知识的必要，才有了学习知识的要求，然后产生对知识的兴趣。皮亚杰指出："兴趣，实际上就是需要的延伸，它表现出对象与需要之间的关系，因为我们之所以对于一个对象发生兴趣，是由于它能满足我们的需要。"但需要不一定都表现为兴趣。例如，人有睡眠需要，但并不代表对睡眠有兴趣。

人的需要是各种各样的，人的兴趣也是各种各样的，特别是人对精神和文化的需要是产生兴趣的重要基础。兴趣是人们认识和从事活动的强大动力。凡是符合人的需要和兴趣的活动，就容易提高人活动的积极性，使人轻松愉快地从事某种活动。兴趣对活动的作用一般有三种情况，即对未来活动的准备作用、对正在进行的活动的推动作用、对活动的创造性态度的促进作用。

2. 兴趣的分类

人的兴趣是各种各样的，可以按不同的标准加以分类。

（1）按兴趣的内容划分

根据兴趣的内容，可以把兴趣分为物质兴趣和精神兴趣。物质兴趣主要是指人们对舒适的物质生活（如衣、食、住、行等）的兴趣和追求；精神兴趣主要是指人们对精神生活（如学习、研究、文学艺术、知识等）的兴趣和追求。无论物质兴趣还是精神兴趣都需要师长进行积极引导，以防止在物质兴趣方面的畸形发展、在精神兴趣方面的消极发展和追求。

（2）按兴趣的倾向性划分

根据兴趣的倾向性，可以把兴趣分为直接兴趣和间接兴趣。直接兴趣是指对活动过程的兴趣。例如，幼儿园的孩子对游戏有极大的兴趣，他们喜欢游戏过程带给他们的快乐，而很少去注意游戏的结果。间接兴趣主要是指对活动过程所产生的结果的兴趣。有的学生喜爱英语口语，当发现自己能和外国朋友自如地对话时，他会对自己的表现产生极大的兴趣。直接兴趣和间接兴趣是相互联系、相互促进的。只有把直接兴趣和间接兴趣有机地结合起来，才能充分发挥一个人的积极性和创造性，才能持之以恒、目标明确，直至取得成功。

（3）按兴趣时间的长短划分

根据兴趣时间的长短，可以把兴趣分为短暂兴趣和稳定兴趣。短暂兴趣存在的时间短，往往产生于某种活动，又随着这种活动的结束而消失。稳定兴趣具有稳定性，它不会因活动的结束而消失。一个人只有短暂兴趣而没有稳定兴趣，最终将一事无成；只有稳定的对某种事物的兴趣，而没有对其他事物的短暂兴趣，人生也会过于单调。因此，人既要有短暂兴趣，又要有稳定兴趣。

三、能力认知与价值观认知

（一）能力认知

1. 能力的概念

能力是指能够顺利完成某些活动所必须具备的个性心理特征，即能力是直接影响活动效率，使活动得以顺利进行的心理特征。

能力，就是一个人相对于某事物而言，能够给此事物创造利益，能够给此事物创造的利益的大小，就是此人相对于该事物而言的能力大小。是人们成功完成某种活动所必须具备的个性心理特征。

2. 能力的分类

能力可以按不同的标准加以分类。

（1）能力按照它所表现的活动领域，可划分为一般能力和特殊能力。

一般能力，是指在进行各种活动中必须具备的基本能力。它保证人们有效地认识世界，也称智力。智力包括个体在认识活动中所必须具备的各种能力，如感知能力（观察力）、记忆力、想象力、思维能力、注意力等，其中抽象思维能力是核心，因为抽象思维能力支配着智力的诸多因素，并制约着能力发展的水平。

特殊能力，又称专门能力，是指顺利完成某种专门活动所必备的能力，如音乐能力、绘画能力、数学能力、运动能力等。各种特殊能力都有自己的独特结构。如音乐能力就是由四种基本要素构成：音乐的感知能力、音乐的记忆和想象能力、音乐的情感能力、音乐的动作能力。这些要素的不同结合，就构成不同音乐家的独特的音乐能力。

（2）能力按照它的功能，可划分为认知能力、操作能力和社交能力。

认知能力，是指个体接受信息、加工信息和运用信息的能力，它表现在人对客观世界的认识活动之中。它是人们成功地完成活动最重要的心理条件。知觉、记忆、注意、思维和想象的能力都被认为是认知能力。

操作能力，是指操纵、制作和运动的能力。劳动能力、艺术表现能力、体育运动能力、实验操作能力都被认为是操作能力。操作能力是在操作技能的基础上发展起来，又成为顺利掌握操作技能的重要条件。

认知能力和操作能力紧密联系。认知能力中必然有操作能力，操作能力中也一定有认知能力。

社交能力，是指人们在社会交往活动中所表现出来的能力。组织管理能力、语言感染能力等都被认为是社交能力。在社交能力中包含有认知能力和操作能力。

人际交往能力是衡量一个人能否适应现代社会需求的标准之一。在人际交往中，人们必须懂得各种场合的礼仪、礼节，善于待人接物，善于处理各类复杂的人际关系。在平时要注意培养自己的良好性格、儒雅风度、学识修养，在社交活动中要热情、自信；注意仪表、举止；面带微笑、运用温和、幽默的语言处理公共关系事务；在社交活动中应对领导、同事、合作者和其他公众表示关心和尊重，注意交往的技巧、方法，并努力使自己留给对方良好的印象。

（二）价值观认知

1. 价值观的概念

价值观是基于人的一定的思维感官之上而作出的认知、理解、判断或抉择，也就是人认定事物、辨别是非的一种思维或取向，从而体现出人、事、物一定的价值或作用。在阶级社会中，不同阶级有不同的价值观念。

价值观是指个人对客观事物（包括人、物、事）及对自己的行为结果的意义、作用、效果和重要性的总体评价，是推动并指引一个人采取决定和行动的原则、标准，是个性心理结构的核心因素之一。价值观是人用于区别好坏，分辨是非及其重要性的心理倾向体系。

价值观反映人对客观事物的是非及重要性的评价。人不同于动物，动物只能被动适应环境，人不仅能认识世界是什么、怎么样和为什么，而且还知道应该做什么、选择什么，发现事物对自己的意义，确定并实现奋斗目标。这些都是由每个人的价值观支配的。价值观决定、调节、制约个性倾向中低层次的需要、动机、愿望等，它是人的动机和行为模式的统帅。人的价值观建立在需求的基础上，一旦确定则反过来影响调节人进一步的需求活动。人们对各种事物，如学习、劳动、享受、贡献、成就等，在心目中存在主次之分，对这些事物的轻重排序构成一个人的价值观体系。价值观体系是决定一个人行为及态度的基础。价值观受制于人生观和世界观，一个人的价值观是从出生开始，在家庭和社会的影响下逐渐形成的，一个人价值观的形成受其所处的社会生产方式及经济地位的影响，在一定程度上是不可逆的。具有不同价值观的人会产生不同的态度和行为。

2. 价值观的特征

价值观的特征主要表现为以下三个方面：

（1）稳定性和持久性

价值观具有相对的稳定性和持久性。在特定的时间、地点、条件下，人们的价值观总体是相对稳定和持久的。比如，对某类人或事物的好坏总有一个看法和评价，在条件不变的情况下这种看法不会改变。

（2）历史性与选择性

价值观具有历史性与选择性。在不同时代、不同社会生活环境中形成的价值观是不同的。一个人所处的社会生产方式及其所处的经济地位，对其价值观的形成有着决定性的影响。当然，报刊、电视和广播等媒体的观点及父母、老师、朋友和公众名人的观点与行为，对一个人的价值观也有不可忽视的影响。

（3）主观性

价值观具有主观性，指用以区分好与坏的标准，是根据个人内心的尺度进行衡量和评价的，这些标准都可以称为价值观。

3. 价值观的作用

价值观对人们自身行为的定向和调节起着非常重要的作用。价值观决定人的自我认识，它直接影响和决定一个人的理想、信念、生活目标和追求方向的性质。价值观的作用主要表现在以下两个方面：

（1）价值观对动机有导向作用，人们行为的动机受价值观的支配和制约，价值观对动机模式有重要影响，在同样的客观条件下，具有不同价值观的人，其动机模式不同，产生的行为也不相同，动机的目的与方向受价值观的支配，只有那些经过价值判断被认为是可取的，才能转换为行为的动机，并以此为目标引导人们的行为。

（2）价值观反映人们的认知和需求状况，价值观是人们对客观世界及行为结果的评价和看法，因而，它从某个方面反映了人们的人生观和世界观，反映了人的主观认知世界。

4. 人生价值观

人生价值是一种特殊的价值，对人的生活实践和社会具有一定的作用和意义。选择什么样的人生目的，走什么样的人生道路，对于如何处理生命历程中个人与社会、现实与理想、付出与收获、身与心、生与死等一系列矛盾，人们总是有所取舍、有所好恶，赞成什么、反对什么，认同什么、抵制什么，总会有一定的标准。人生价值就是人们从价值角度考虑人生问题的根据。

在关于人生的思考中，回答"为什么"的问题，即人生目的问题，要以人生的价值特性和对人生的价值评价为根据。一个人自觉地追求着自己认定的人生目的，是因为他对自己选择的生活做了肯定的价值判断，认为这样的生活具有价值或者能够创造价值。回答"怎么样"的问题，即人生态度问题，同样要以对人生的价值判断为根据。

5. 职业价值观

职业价值观是指人生目标和人生态度在职业选择方面的具体表现，也就是一个人对职业的认识和态度及他对职业目标的追求和向往。职业价值观测评会有助于职业决策和提高工作满意度。

理想、信念、世界观对于职业的影响集中体现在职业价值观上。

俗话说："人各有志。"这个"志"表现在职业选择上就是职业价值观，它是一种具有明确的目的性、自觉性和坚定性的职业选择的态度和行为，对一个人职业目标和择业动机起着决定性的作用。

（三）价值观与职业的关系

由于每个人的身心条件、年龄阅历、教育状况、家庭影响、兴趣爱好等方面的不同，人们对各种职业有着不同的主观评价。从社会来讲，由于社会分工的发展和生产力水平的相对落后，各种职业在劳动性质的内容上、在劳动难度和强度上、在劳动条件和待遇上、在所有制形式和稳定性等诸多问题上都存在着差别。再加上传统思想观念等的影响，各类职业在人们心目中的声望地位便也有好坏高低之分，这些评价都形成了人的职业价值观，并影响着人们对就业方向和具体职业岗位的选择。

每种职业都有各自的特性，不同的人对职业意义的认识，对职业好坏有不同的评价和取向就是职业价值观。职业价值观决定了人们的职业期望，影响着人们对职业方向和职业目标的选择，决定着人们就业后的工作态度和劳动绩效水平，从而决定了人们的职业发展情况。哪个职业好？哪个岗位适合自己？从事某一项具体工作的目的是什么？这些问题都是职业价值观的具体表现。

（四）自我价值观探索

当代高校大学生中，独生子女占了很大的比重，是以当代大学生的主要特点之一是追求思想独立，但过于以自我为中心；其次，随着网络的便捷化及信息时代的飞速发展，有部分大学生缺乏精神上的信仰，没有在社会中磨炼，缺乏抗压能力、自我调节能力及耐挫能力。

高校大学生的职业价值观主要体现在对工作性质的要求上，如工作要符合个人兴趣爱好，发挥个人的特长，工作节奏能符合自己的生活习惯，并在工作中能不断成长。高校大学生不论是处在大学的哪一个阶段，普遍都存在着一定程度的自我认知偏差，即"理想自我"与"社会自我"产生矛盾，主要体现在大学生自我认知偏高或者偏低等。大学生自我认知偏高，过高地估计自己的能力，在遇到事情时容易表现出以自我为中心，不能很好地听取他人的意见，总是认为别人是错误的等问题。这一现状在职业选择中表现得尤为明显，自我认知的偏差总会左右自己的选择。大学生自我认知偏低则与认知偏高截然相反，会过低地估计自己的能力。自我认知偏低表现在对"理想自我"缺乏去实现的勇气，对自己的目标把握不准确，在面临选择时则大部分表现出随波逐流、人云亦云等，在职业选择过程中则会错过更多更好更适合自己的选择。

高校应加强大学生的自我认知教育及思想政治教育，同时对大学生进行心理辅导，提高大学生的自我认知理论水平、心理承受能力及文化素养，根据职业素质条件要求培养提升大学生相关的职业能力。

四、加强大学生自我认知与提高学习能力的措施

大学生自我认知是促进大学生学习能力发展的内在动力，是大学生学习能力的重要影响因素。

大学生的学习能力在很大程度上影响其步入社会后是否可以适应社会发展。这种能力的形成和培养对一个人的发展具有重要的意义，既能激励大学生全力获得所需的知识、能力，又能不断挖掘个人的潜能。学习能力是在学习活动中形成和发展起来的，是学生运用科学的学习策略去独立地获取信息、加工和利用信息的能力。学习能力的养成对于大学生建立完整的知识逻辑、完善的技能体系、全面综合的素质都起到至关重要的作用。

对于当代大学生而言，只有对自己有着正确的认识和评价，才有可能准确地分析自己目前的状态，进行准确的职业定位，从而给自己设定合理的学业目标，以最大限度地实现人生价值。高校加强大学生自我认知教育及提高学生学习能力，必须要从大一新生抓起，具体包括以下措施：

（一）积极开展大学新生适应教育，使大学生尽快融入新的环境

目前，高校新生的适应教育存在一定问题，如学校各部门沟通不够，缺乏合力，导致教育行为重复，教育内容较为肤浅，对学生的针对性和吸引力不强；教育形式单一，通常以报告会的形式开展，主要是相关理论的阐述，枯燥且乏味，而与之相对应的实践课程却很少。这些造成了理论与实践的脱节，无法引起学生共鸣；教育方法有着明显的滞后性，出现问题才去应对，不能调动学生自己适应和调整的主动性。

（二）培养大学生职业规划意识，科学设计自己的职业发展道路

培养大学生的职业规划意识，应该建立以职业规划为导向的新生适应教育，积极引导大学新生科学设计自己的职业发展道路。积极引导大学新生科学设计自己的职业发展道路有助于减轻大学新生因不能尽快适应新环境问题而引发的情绪困扰，从而帮助学生把注意力和精力转移到职业发展准备上，顺利度过适应期。运用职业测评工具，提高自我职业认知的水平，提升大学生的职业生涯规划意识和能力。科学的职业测评是使用客观化、标准化的问卷，其科学性、客观性、可比较性是其他方法所不具有的。目前帮助大学生自我认知的多种专业测评工具已经问世，涵盖的内容和量表很多，包括职业兴趣测试、价值观测试、能力测试、人格测试等多方面的内容。

（三）加强对大学生自我认知的引导，积极运用心理学的方法

高校应进一步改善和优化大学生的认知结构，指导大学生认清自己的需要，正确认识自己的情感情绪及提高学生自我认识、自我管理、自我教育的能力；同时，高校应积极运用心理学的方法，培养大学生积极进取的人生态度和精神追求，为大学生确立正确的世界观、人生观和价值观提供基础和动力，从而增强自我认知教育的针对性和实效性。

第二节 大学生职业认知及其形成

一、职业认知的定义和内涵

（一）职业认知

职业认知，就是对职业的认识和感知。职业认知是个体在各种影响下，在生活、学习、交往中形成的对某一职业的认识和评价，是个体认识和感知职业的一种过程或活动。它既包括个体在意识层面上对个人及职业环境的整体认识和看法，也包括个体在自身实践或社会经历中形成的对职业的认识和评价。

职业认知的基本内涵包括两个方面。一方面，从职业性质来看，不同的职业具有自身的特殊性，它不仅仅是个人意识层面的主观反映，因此职业认知是主客观认识相结合的认知。另一方面，从形成过程来看，职业认知是一个动态变化的建构过程。个体已有的认识会在职业情境和社会活动中进行学习迁移和重新塑造，这个过程既是对个人自身发展的评估，更是对未来职业预期发展的适应与考量。

职业认知是个体意识认知层面在日常学习交往过程中不断修正、改变对某一职业的环境、规范、意义等认识与感悟，是一种动态的建构过程。不仅关注对职业的整体认识，也更强调个体对职业的主观感受。

（二）大学生的职业认知

大学生的职业认知，是指高校学生在日常的生活、学习、实习、工作中逐步形成的对与本专业相对应职业的认识与了解，包括对职业对象、职业发展、职业相关的理论知识、与职业相关的资格考试及招聘信息、职业相关操作活动等诸多方面的认识与理解，是职业认知概念在高等教育领域的延伸与拓展，是一种具有独特性与普遍性的认知。

做好大学生的职业认知教育，能够为学生科学地规划未来的职业发展路

线，使大学生能够在职业生涯上有较大的作为。对于高校旅游专业的学生而言，进行科学的职业规划，不但能够让学生对未来有一个清晰的认识，同时还能够提高学生的主动学习积极性，让大学生对未来充满期待，进而在旅游专业学习过程中能够有更好的表现。同时，职业认知教育工作还能帮助他们了解旅游行业的动态情况，充分认识到所学专业的内容和意义，满足大学生的职业认知需要，保证他们的职业认知水平得到提升，进而才能在以后的择业过程中有明确的方向。

二、大学生职业认知的形成过程

对大学生职业认知形成的分析，是基于社会认知职业理论，而社会认知职业理论主要源自班杜拉的社会认知理论，关注个体的主观能动性及其生涯发展过程中的动态变化过程，该理论突破了原有理论的弊端，是社会认知理论在职业教育领域内的延伸与应用，主要由三大核心变量构成：职业自我效能、结果预期和个人目标。在这里主要探讨三大核心变量对大学生职业认知形成的影响。

（一）自我效能感与职业认知形成

大学生的自我效能感影响着职业认知的形成。自我效能是指人们对成功实施达成特定目标所需行动过程的能力的预期、感知、信念。在理论上，职业的自我效能具有不同层次的内涵。

其一，职业自我效能指大学生对于自己能做什么的一种基于个人行为能力的主观评估与判断。

其二，职业自我效能指大学生个体整合各种信息并内化的一种自我生成能力。

其三，大学生的职业自我效能具有领域上的特定性，也就是说大学生在面对不同的工作任务，完成不同的工作内容，达成不一样的特定目标时，他们对自我效能的判断是有差异的，会因为任务的不同而发生变化。

其四，大学生的职业自我效能在形成之后终将会内化为一种逐渐稳定化的自我信念。学生首先会在接触到某一职业的过程中对自己是否能够胜任这一职业有一个较为主观的判断与评估。大学生如果在某一种职业或者某一具体的职业类型上表现出了优于他人或者优于自己在其他方面的能力，就会对自己从事这一职业有很大的自信，这也会激发学生深入了解和探究这一职业具体的工作任务、工作环境、工作制度、工作流程等一系列深层次的关于此职业的具体内容。职业的自我效能具有领域的特定性，学生对完成不同的任务，实现不同的目标的判断也是不一样的。

在社会认知职业理论中的自我效能理论里，自我职业素质效能是较为贴近现实且在职业领域中被多次提及并广泛应用的一个名词，将职业自我效能理论中一些内容较为具象化地显现了出来。因为自我职业素质效能反映的是大学生作为个体对于自己是否能够完成相应的职业相关任务或者能否达成特定的职业目标的一种心理状态，是对自己行为的一种"能为"知觉，也是对实现某一职业目标的信心或者信念的具体反映。大学生自我职业素质效能中所涉及的信息也是来自学生生活或者学习中的第一手经验，属于主体直接的行为经验。除此之外，还会包括一些替代性经验。大学生对这些信息进行加工处理之后，才可以真正地形成职业自我效能感，因为这些信息本身并不能自动地对他们的自我职业素质效能的形成与发展产生影响，并且在对信息进行加工处理的过程中，还会受到一系列来自外部和内部的因素影响，主要如性别、年龄、文化背景、家庭背景和个人内部因素等一系列可控与不可控因素的综合影响。这些具体因素的差异也会导致大学生的认知存在较大差异。因此，大学生的自我效能影响着学生职业认知的形成。

（二）结果预期与职业认知形成

所谓的结果预期，通俗来讲就是这件事情如果一个人按照某种方式做了会产生什么样的后果，对自己会有什么样的影响。按照班杜拉的说法，结果预期是指个人对某些特定具体行为会导致怎样的结果的一种估计。

大学生的职业结果预期主要通过与自我效能类似的学习经验或生活经验、实践经验而获得。大学生可以通过很多具体的行为来对自己的职业未来进行合理的职业预期和结果期待。例如一些学生曾经参与过技能大赛并且在某些方面表现得很突出，他们就会对自己这一方面的能力很自信，就会觉得自己可以胜任与该技能相关的职业并且能够做得比别人好。学生还可以通过观察学习他人的成功经验，如到企业里参观熟练工的操作场景，或是学习一些成功的案例。大学生对于自己能力和兴趣是有一定的判断标准的。通过观察他人的活动，学习他人的经验，他们也会评估出如果是自己做这件事情，从事这份工作，会出现什么样的结果，进而会产生不同的结果期待。学生还可以根据对自己活动影响力的关注、活动产品的关注来进行合理的预判。

对于心智正在发展尚未完全成熟的大学生来说，如果对某一职业有了良好的职业结果预期，那就可以激励大学生向着既定的方向和目标不断努力。同时，这也会有助于学生们的自我职业素质效能对其自身职业生涯发展进行积极正向的预测。因此，大学生的职业结果预期也影响着大学生对具体职业的职业认知形成。

（三）个人目标与个人职业认知形成

社会认知职业理论具有较强的后现代主义倾向，后现代主义具有较强的无中心意识和多元价值取向，强调个体在职业发展中的主观能动性，更多的是关注个人。作为该理论三大核心变量之一的个人目标，在大学生职业认知的形成中也发挥着较为重要的作用。

个人目标指的是个人从事特定活动或取得一定结果的意图。个人职业目标指的是个人从事某一特定职业活动的意图。当然，大学生的个人职业目标也会受到各种情境变量的影响，例如个人的经验、喜好、背景、个人属性等多方面的因素都会对大学生的个人职业目标产生影响。

个人职业目标是个人职业认知的动力源泉，大学生在有了具体的职业目标之后才会产生为之不断奋斗的内驱力。大学生所面对的客观现实和拥有的主观条件可以看作一个动态的过程，对职业的认知也是一个动态变化的过程。这也就要求学生在设置个人职业目标时，应该保持一定的开放性，灵活地审视和应对自己生涯发展中的偶发事件，在基于个人能力和个人兴趣的基础上，为自己设定合理的职业目标。大学生在学校期间，要尽可能多地参与各类活动和各项比赛，不断开阔自己的视野，积累不同领域、不同类型的成功经验，尝试各种新行为，并对这些经验进行整合吸收，促进自己职业生涯的动态发展，并不断地优化职业目标，从而形成新的职业认知。

第三节　大学生职业认知存在的问题

一、大学生对职业内容的认知片面

大学生对于职业具体活动内容的认知与理解大多停留在表面，未触及职业的精髓。当前大学生对于职业的内容并不了解，不清楚职业是什么，而且对具体职业的理解都比较浅显，只能说出一般观念上该职业的相应工作内容，具有强烈的主观色彩，与真正的职业标准与职业需求相差甚远，并没有显示出作为本专业学生应有的专业性，整体的职业认知呈现出片面性与主观性。

根据具体的调研和访谈结果得知，涉及具体的职业活动内容的部分，学生的认知程度普遍不高，对职业活动具体操作流程、工作任务的认知不够全面和深入。在访谈中，学生的认识都是概而论之，较为含糊，对于胜任某一具体职业需要具备的职业素养、职业精神、职业态度、工作细则等表述不明，这说明学生当前对于具体的职业活动内容并没有深入的了解，认知存在片面性。不少学生在进入所学专业之前缺乏足够的思考，很多学生对自己的专业缺乏兴趣，这导致他们更加无法把握外部环境的复杂性，对自身的职业目标并不清晰，对职业活动内容的理解整体呈现出片面性。学生对于专业所对应的职业的具体发展现状、职业的工作内容，工作流程、最新动态、发展趋势等的认知水平也亟待提高。

二、大学生对职业的认知方式单一

根据对大学生认知途径的分析，当前大学生的认知途径主要还是学校提供的各种服务和平台。大学生对职业的认知主要是通过老师的课堂教学和企业实习等。学生可以从家庭方面了解到的职业知识与相关信息较少，一方面是由于父母很少有时间为孩子做职业规划，另一方面是因为家长们没有做好家庭的职业启蒙教育，把教育的任务完全交给学校来完成。除此之外就是社会上对于学生职业认知的忽视，学生对职业的认知主要是通过一些日常的社交软件（如微信、QQ、微博等），而这些渠道获取的信息往往缺乏规范性，且真实性并不高。

相比较而言，国外以美国和日本为例，学生们在义务教育阶段就参与过各种职业体验活动，在孩子的世界观和价值观还未完全建立时，这些孩子就被带到不同的职业环境中去体验和了解，进而发现自己的职业兴趣点，深入了解职业的工作流程与工作性质。与之相比，我们国家还没有相对完整的职业认知的制度存在，学生认知职业的方式不够多样，也欠缺规范性。

可见，大学生尽管在一定程度上受到家庭和社会的支持，但是主要认知途径还是学校，相对来说较为单一。如果可以丰富大学生的认知方式与形式，让大学生认知职业的平台不仅限于课堂教学和实习实训，而是用更加丰富、生动、规范的方式帮助他们提高对职业的认知，这样也会调动大学生的积极性，帮助他们更好地认识职业。

三、大学生对职业方向较为模糊

通过对学生的访谈，了解到当前大学生很少为自己做职业规划，可见大学生的职业规划意识淡薄，他们对自己未来的职业发展缺乏长远的打算。没有具体职业目标会导致大学生在校学习的无目的性，缺乏学习动力，进而影响到学习的实效性。大学生对于职业规划不够重视，一方面可能是由于学生目前还不具备职业规划的专业性知识，无法为自己做出合理的计划安排；另一方面也可能是因为学生对于职业的内涵和概念的理解不够全面和深刻。在访谈中也有学生表示："正常来说，应该是先了解专业再选择专业，之后才会有对职业的较为客观准确的认知。"只有这样才能做出符合个人发展和个人兴趣的职业规划。可是目前来看，很多学生在进入这个专业之前对该专业并不了解，这也会导致大学生对职业方向的认知较为模糊。

此外，受传统教育观念的影响，在普通教育系统之中传统的教育模式还是以应试教育为主，主要重视文化课内容和应试技巧的学习，学生忙于备战各种考试，主要目标是学好文化课努力升学。在高考后走进高校的大学生，此前几乎从未接受过任何有关职业的相关教育，对相关的专业和职业都没有系统的认知，选择专业的盲目性与无目的性也导致了对职业认知的盲目，职业方向模糊。由于大学生正处于青春过渡期，自我意识与价值观念还未完全形成，对自身能力和自身修养不能做出合理的评估，导致学生缺乏职业自信，这降低了大学生探求职业方向的主动性，造成大学生对职业方向的认知有所欠缺。

四、大学生对职业信息的认知不足

对学生的访谈结果表明，大学生对职业信息的认知还处于较低的水平。我们可以发现当前大学生在职业信息的获取上缺乏主动性，很少去主动搜集和关注与职业相关的信息，且学生获得相关招聘信息、考试信息、就业信息、政策信息等主要是依靠班级老师的发布或者学校的集体通知，学生自身不会去主动关注这方面的信息。

在调研中发现，大学生们普遍缺乏职业信息的认知意识，对于一些宏观政策类的信息和与直接就业无关的信息，学生们很少关注，他们主要关注的信息是相关的资格证书考试信息与具体的职位信息，对于具体的行业态势、就业政策等方面信息关注较少，并且不知道如何获得与自己目标职业相对应的职业信息，不懂得利用网络平台、人才交流会这些形式来获取相关信息。从整体看来，大学生对职业信息的具体内容和职业信息的获取平台认知都是不足的。这些都说明大学生在职业认知过程中欠缺系统理性的思考，对自己的职业缺乏规划性，缺乏主动探究的意识，对自身的能力发展与知识学习缺乏必要的监督控制。

第四节　提升大学生职业认知水平的策略

有效改善大学生职业认知的现状，帮助大学生在未来的职业生涯中找准自己的定位，在实现个人价值的同时，创造更多的社会价值，满足大学生个人发展和社会经济发展的需求，提升大学生职业认知水平。

一、个人方面

（一）努力展现自我，发现自身潜能

高校有很多的平台可以供学生展示自我，不断锻炼和提升自身的能力。大学生在平时的学习和生活中，应该积极地参与各类实践活动，这些实践活动并不仅限于见习活动和实习活动，他们还可以更多地参与社团活动、校园活动。大学生参加诸如校园歌唱比赛、运动比赛演讲比赛等，可以极大地提升自信。

此外，各级各类技能比赛，也是学生展现自我风采的时机。大学生通过各种技能大赛的锤炼，可以挖掘出自己潜在的、平时未表现出来的能力与自身优势，也可以在这个过程中对自身的能力水平有较为客观的评估，发现自己的优势与不足。在竞争过程中，学生既锻炼了自己的心理素质，又提升了自身的专业素养、技能水平，对自己有了更加完整的认知。大学生发现了自身潜能，对自己的能力水平有了切实的定位之后，也会提升自己的职业认知水平。

（二）积极端正态度，认可自我价值

受传统教育观念的影响，高职院校的大学生容易产生自我怀疑，普遍存在学习倦怠问题，缺乏探索自身发展和认知职业的动力。一方面可能是因为这些学生在进入高职院校之前已经遇到了很多挫折，极易产生挫败感，总是进行自我否定；另一方面可能就是当前社会上很多人对于职业教育的偏见，导致学生出现了消极的职业价值观，认为自己无论怎么努力还是无法获得足够的竞争力。学生在日常的学习生活中，要正视社会对职业教育的评价，克服消极的就业心理，学会自我接受、自我认可。在技术和组织模式都发生着剧烈变化的当代社会，国家高度重视大力发展职业教育，高职院校大学生的就业方向和发展空间较之以往都更为广阔，就业途径就业单位也都更加规范化、稳定化。

当前经济的高质量发展离不开职业教育的支持，未来有一技之长的人才将会更受企业青睐和社会认可。经济发展促进了对职业技术人才的大量需求，高职院校大学生应把职业教育看作是一种类型的教育而非层次的教育，应努力学好专业知识，练就过硬的技术，端正对职业教育的态度，认同自身的价值。

（三）明确职业目标，做好职业规划

高职院校的一些大学生职业目标模糊，普遍缺乏职业规划，对于自己将要从事什么职业，适合什么样的职业，进入相关职业需要具备哪些技能等都不清楚。职业规划的缺乏与职业目标的模糊会导致高职院校大学生学习的动力不足，无法充分发挥自身价值，不会全身心投入学习生活和技能训练当中，平时上课也会欠缺主动性，这对于学生自身和学校提供的教育资源来说也是一种浪费。

高职院校大学生应该重新审视自我，正视自身价值，发现自身的职业优势，借助相关的职业平台和实训实习平台获取最新的行业动态信息，了解相关职业需求和技能要求的动态变化，不断提升自己的专业能力和综合素养。根据市场需求、专业背景、自身优势对自己的职业未来进行科学定位，明确自己的职业方向和职业目标，为自己做出合理的职业生涯发展目标规划，使自己在步入职业以后有更大的职业发展空间。

二、学校方面

（一）丰富校内职业认知教育形式

高校要为大学生开展丰富多样的与职业认知相关的校园文化活动，加强与职业认知有关的校园文化建设。例如开展一些形式多样的职业竞赛，个人职业知识竞赛、团队职业知识竞赛、工作过程知识竞赛、职业基本技能竞赛、职业生涯规划竞赛等。这些形式多样的活动，既可以提高大学生的积极性，也可以激发起大学生了解职业的动力，还可以为学校选拔出更为优秀的专业人才来参加更高一级的技能比赛，让学生在不断积累经验的过程中增强职业信心和职业竞争力。

另外，学校要加强与企业的沟通，深化校企合作，为大学生提供更多的企业观摩机会和顶岗实习机会，还可以邀请行业内比较专业的师傅们来校为大学生开设讲座，为学生讲解一线岗位的具体工作细节与当前的行业形势，将一些先进的技术与理念带进学校，让大学生及时了解到职业变化。同时，学校还可以经常邀请校内已经毕业的优秀毕业生来学校召开座谈会和经验交流会，不断和在校大学生交流相关心得体会，介绍一些具体的与专业领域相关的职业，这些活动的开展既能丰富大学生的校园生活，又有助于提升大学生的职业认知水平。

（二）全方位完善实训环境及条件

职业认知教育包括对职业种类、职业特征与工作职责的了解、对职业所需技能的观察学习与对职业的实地体察探究。实习实训是学生认识职业的重要途径，高校应当不断完善校内实训基地的各项条件，改善实训环境，突出强调实践教学在学生基本技能和创新能力培养中的作用，让学生尽可能地在贴近具体工作场所的环境中进行操作，这样才能给学生带来较为真实的体验。在实训教学中，高校在注重培养学生动手能力的同时，还要注意培养学生的职业态度、敬业精神，让学生得到全方位的发展。

与此同时，教师还要注重理论课程与实践课程的对接，在注重实训环境建设的同时，也要将理论知识融入其中，真正让学生学以致用，建立德能质并重、岗课证对接、赛教结合、导教相融、做学合一、"技能+技术+素质"的多维课程体系。在网络时代，学校应该与时俱进，探索建设信息化、数字化管理平台实训基地，这样对大学生的实训效果可以在后台进行实时监测，学生的练习情况和技能掌握情况也可以第一时间反馈到老师那里，老师们可以针对学生的实际情况有针对性地进行技术指导与专业讲解，使得实训教学更加具有实效性。另外，可以通过专业教学资源库建设，突破传统的教学模式，为学生提供多层次及全方位的立体信息环境，方便学生能够借助资源库进行自我学习和日常操作练习，激发学生的兴趣，提高学习的主动性和积极性。

（三）区分好职业指导与就业指导

高校应当转变和更新职业指导的教育理念。首先，要意识到就业指导与职业指导的区别，改变传统的职业指导形式，树立以生为本的课程观念，以职业为导向设置课程，将职业与专业紧密结合在一起，这样学生在日常的课程学习中就能对职业有更为规范的了解。其次，学生在职业规划方面能力的欠缺，一方面需要靠学生自身努力，另一方面也需要学校给予充足的条件支持。

现在学校普遍缺少有效的职业指导课程和相关的职业规划平台，无法为学生做出符合个人发展和个性特点的职业生涯安排和具体的职业规划，这都影响着学生对于具体职业的认知，也影响着学生认知职业的积极性。学校要拓宽职业规划和职业指导的渠道，多部门协商合作，专业教师、辅导员、学生、企业等各方共同参与，形成多方联动的职业指导体系，改变往日仅有学校的就业指导部门承担职业认知类和规划类课程的局面，全方位地为大学生搭建职业认知平台。学生对未来的职业有了明确规划之后，才会确定自己的职业方向，这也是学生认识职业的前提。因此，学校要建立强有力的职业认知保障体系，对学生的生涯发展进行合理引导，以此来提升大学生对职业的认知水平。

三、社会方面

（一）开展各类职业体验活动

职业体验活动可以促进大学生主动适应社会，让大学生在体验中学习、了解具体职业的流程，对各岗位有初步的认知，在体验过程中可以培养和发展学生的动手能力、思考能力、想象能力、探究能力、沟通能力及团队合作精神，增强学生服务社会的意识和责任感，为大学生们走上社会进入工作岗位奠定良好的基础。通过对职业的体验，大学生对所体验或者实践的职业产生新的认识，在此过程中学生可以接触到学校课堂上学不到的知识，对职业教育也会产生新的看法。职业体验活动规范化可以常态化可以为学生提供更多的机会和平台，让学生可以有更多的机会接触到不同的职业，这对于大学生的自我认知和职业认知都是大有裨益的。

开展职业体验活动应立足各个区域的专业特色与实际的岗位需求，与产业行业紧密对接，将职业体验相关活动正规化、系统化，相关部门还可以鼓励企业与学校合作，建立职业体验活动中心，并出台相应的保证措施来确保职业体验活动的顺利推行，以此来引导学生逐步树立合理的职业观、劳动观，逐步培养大学生职业规划的意识、创新意识，不断提升大学生的职业认知水平。

（二）完善职业信息流通机制

完善职业信息流通机制，政府部门要为大学生搭建职业教育职业信息化平台，同时还要鼓励企业积极参与该机制的运行，定期在一些网络平台发布关于行业发展最新动态、人才需求、学校资源等与职业相关的信息，并且政府部门要起到指导、协助的作用。一方面要加强高校与相关企业的联系，强化合作关系，互通相关信息；另一方面，要加强技术技能人才需求的预测分析，对整体的市场需求动向有相对客观准确的把握，在为高校的专业建设提供信息参考的同时，也为人才培养提供信息支持。

要充分发挥信息技术的作用，为大学生搭建便捷的网络平台，拓宽大学生的职业信息获取路径，建立专业就业信息资源库、应届生求职信息库、用人单位最新岗位需求库，设定专门的平台并在学校和学生之间推广，让职业信息得到有效的整合。大学生依据信息数据库的资料可以获得真实有效的职业信息，咨询职业选择、就业岗位、职业成长的相关信息，实现职业信息的资源共享，提高职业信息的利用率，同时增强大学生获取职业信息的敏感度和主动性，让大学生了解到就业市场的实际需求情况。

（三）建立职业认知社会平台

建立职业认知的社会平台，即在社会上建立专门从事职业认知教育的第三方公司，第三方公司可以帮助学校为学生提供一些认知职业的机会和职业指导的建议，不断丰富发展学生的职业认知平台。尽管现在很多高校已经尝试为学生开设职业生涯相关课程和职业指导课程，但是根据学生的反馈，效果并不理想，且学校做得可能没有那么细致全面，有学生反映学校内原有的职业指导课不能从实际需求出发，太过于形式化，跟不上社会变化，没有"精准扶贫"，没有为特定的学生做特定的教学，学生不能全面了解市场的就业形势，且学校自己做的课程与实际的工作岗位需求之间对接得并不紧密。

现在社会上已经有这种专门帮助学校为学生做职业认知课程的机构，但是无论是从质还是从量上来说都无法满足当前高校大学生的实际需要。这种第三方公司可以通过了解与专业相对应的一些学生选择的工作，将他们的经历做成案例供学校和学生参考，这就有较强的实践意义。通过不同的案例类型，大学生可以了解不同职业的发展方向，对于各种类型的岗位有较为系统的认识，校内与校外职业认知平台协同合作，共同帮助大学生提升职业认知水平。

第四章　旅游类专业大学生的学业规划

第一节　职业化导向的学业规划

一、旅游类专业大学生学业规划概述

（一）大学生学业规划的概念及内涵

引导大学生建立良好的学业规划，能够使其尽快熟悉高校学习环境，投入新的人生发展阶段，为未来职业发展奠定基础。

从大学生就业能力考察的职业化倾向，必然要求大学生在四年学习中不仅关注专业理论学习，更要在个人职业化能力方面付出努力，强化学业规划的职业化导向，以职业化导向的学业规划统领大学四年的学习和实践活动。

大学生的学业是指大学生在高等教育阶段所进行的以学习为主的一切活动，是广义的学习阶段，它不仅包括科学文化知识和专业相关技能知识的学习，还包括思想道德、社会实践能力、组织管理能力、科研及创新能力等的学习。

大学生学业规划，是指大学生对与其事业（职业）目标相关的学业所进行的安排和筹划；是根据自己的实际情况，结合现有的条件和制约因素，为自己确立大学生涯中的学业目标、行动时间和行动方案的过程。具体来讲，是指大学生通过对自身特点（性格特点、能力特点）和社会未来需求的深入分析和正确认识，确定自己的事业（职业）目标，进而确定学业发展方向，然后结合自己的实际情况制订学业发展计划。通过学业规划，大学生可以将学习和实践活动有机结合，提高他们职业化目标实现的有效性。学业规划是对于学业生涯发展目标的规划、设计和实施的过程，有利于帮助学生建立清晰的学业导向，明确自己的自身定位，把整体目标分解为具体目标，并进行

反馈、调整、有效实施的过程。

大学生根据其大学期间所学专业的课程设置，以及对修满学分、成绩合格的要求，为顺利毕业或取得优秀学习成绩而对自己大学四年学习活动所做出的计划与安排，这是浅层次的大学生学业规划。大学生根据毕业后意欲从事的职业方向或继续学业深造的目标，结合自己实际情况，旨在提高学习成绩和专业素质，拓展综合素质和能力；而对学习活动和课外社团活动、校内理论学习和校外社会实践活动做出的计划、设计与安排活动，是深层次的学业规划。

拥有学业规划意识的大学生，往往比毫无目标的大学生更加努力。有读研动机的大学生，学习上具有更强的意愿、向往和兴趣。对学业有规划的大学生成绩更优异。

（二）大学生学业规划的主要内容

学业规划是大学生根据毕业后意欲从事的职业方向或继续深造等目标，在导师的指导下，结合自己的实际情况，以掌握实现学业目标所需知识、能力、素质、经验为核心，综合利用课内与课外资源，制订学业发展计划的过程。这里的目标是指学业目标，是指学生希望在毕业时所实现的就业创业或继续学习深造等目标，以及实现这一目标所应具备的知识、能力、经验和素质。学业目标是核心，是学业规划的动力来源。因此，大学生的学业规划目标应该包括四个方面的内容，即合理的知识结构、科学的思维方式、较强的实践能力和全面的综合素质。学业目标的实现过程，就是分阶段获取这些知识、技能、经验和素质的过程，因此就要对大学期间的学习、生活、实践等做出科学合理的设计与安排。

学业规划不仅指对学生成绩和学分的规划，它还属于综合性的规划，包含十大育人体系的各个方面，涉及学生学习心理的培养、网络学习素养的提高、课程思政教育的加强等。学业规划应由总目标、任务、步骤、方法构成。为了保障学业规划具有科学性、客观性，应加强学业规划的阶段性目标、任务、步骤的设计，同时统筹学习计划和实践计划的关系，使二者相互联系、相互支持。

大学生学业规划是一个完整的系统，也是一个渐进的过程。系统内影响因素众多，并且各种因素具有很强的变动性。因此，在学业规划制定和实施过程中，要遵循整体性、系统性、协调性原则，使大学生职业化过程有序、协调地进行。首先，要把大学生职业化看做一个连续的过程，从入学到实现就业，根据职业化发展规律，设置职业化阶段性目标和任务，逐步推进；其次，要协调好影响职业化发展的个人因素、组织因素、社会因素的关系。在个人职业化发展过程中，个人的专业能力是基础，个人的职业意识和对社会的认知水平是关键，大学作为学生职业发展的组织因素，起着引导、支持作用。因此，学业规划应协调好三者关系，充分交流三方信息，促进大学生职业化顺利发展。

（三）大学生学业规划的特点

大学生的学业规划，具有以下三个方面特点：

1. 独特性

大学生的学业规划需要大学生根据自己的理想，规划自己的学习，并为此付出奋斗，这个过程每个人都是不一样的。从人格心理学的角度上讲，每个人都是独一无二、不可替代的存在，有着自己独特的人格特质和成长过程中的文化背景。每个大学生都是一个独特的个体，他们的个人特质、职业能力、职业素质都是不一样的。

2. 发展性

大学生的学业规划是一个动态的发展过程，每个学生都是自己学业生活的主体，当自我的学习经历不断前进、认识不断深入的时候，个体相应的需求也会发生变化；不同的学业阶段，个体对自我、对社会和所学专业的看法也会发生改变。这源于大学生主体自身的"创造性"，也来自社会与教育环境的不断变化发展。

3. 综合性

大学生的学业规划是以学生角色的发展为主题，但是相应的思想道德修养、社会适应能力、个人身心素质、创新意识等综合素质能力提升也必不可少。大学生的发展可以简单概括为：第一，全面发展，指的是每个大学生的各个方面都能得到均衡协调发展，而不是仅仅在专业技术或某一方面得到发展；第二，共同发展，指的是大学生学业规划面对的是全体学生，而非仅仅是其中一部分，根本追求是每个大学生都能实现自身发展目标；第三，科学发展，要求大学生发展目标的确定、发展路径的选择、发展规划的实施都必须适应大学生的兴趣，符合社会发展要求，适应市场经济的要求；第四，和谐发展，它从客观上要求大学生的发展是充分的、全面的、科学的，同时也要求大学生发展的各环节、各阶段、各关系是协调的、统一的、可持续的。

二、大学生学业规划的重要性

进入高校学习是学生人生中的重要转折点，大学生的学业规划对其未来发展具有重要意义。

（一）有利于调节学生的学习状态

高校学生入学后会感受到大学与高中阶段的明显不同。部分学生在进入高校学习后，不免会觉得手足无措，对课程的学习和自身的发展产生一些不成熟的认识。此外，许多高校在新生入学后不久就开始进行专业课程的教学，许多学生对专业课程的认识不足，学习过程十分吃力，有些学生甚至对专业课程还未有足够兴趣，就盲目投入课程学习中，导致学习效果不理想。由此可见，做好高校学生学业规划，有利于调节学生的学习状态。

（二）有利于快速融入高校学习环境中

高校新生在进入新的环境后，在思想和行为上都需要进行转变。学业规划也应帮助学生调整状态，投入新的学习环境中。良好的学业规划能够使新生快速融入高校学习环境中。学业规划能够让学生充分了解所学专业特点、学习思路及未来职业发展方向。学生可根据自己的兴趣和自身能力合理规划专业学习。有些学生通过学业规划发现所学专业不适合自己，则可根据学校政策调整专业，选择更适合自身发展的专业。高校学生学业规划还可以使学生正确认识自己、了解自己，更加坚定地投入专业课程学习中。

（三）有利于建立良好的职业发展观

高校学生入学后需要尽早建立良好的职业发展观，才能在后续专业课程的学习中构建合理的学习计划和目标。学业规划要注重培养学生的职业观，通过对专业课程和职业发展的分析，学生可了解专业学习与未来职业发展的关系。在高校教学中，专业课程教师往往只关注专业知识的讲授，未涉及较多职业规划的内容。开展高校学生学业规划能够弥补学生职业发展观构建过程中存在的不足，帮助学生建立良好的职业发展观，对于学生后续课程的学习具有重要意义。学生可根据自己的职业规划，合理安排专业课程学习计划，树立职业发展目标。

三、大学生学业规划的优化实施

（一）促进高校学生在思想上的转变

高校学生在入学阶段存在的思想问题具有广泛性，学业规划首先应解决新生的思想问题。入学之初，教师应全面介绍学校特色和专业优势，使学生对专业实力及未来发展定位有明确的认识。主题班会、集体活动、课堂教学等多种形式，可促使学生转变思想，尽早建立适应自身发展的学业规划。同时，对于部分思想上有负担、存在负面心理的学生，要及时通过与家长沟通等方式，解决学生的心理问题，使其更好地投入学习中。

（二）引导学生进行自我分析和定位

学生在入学之初，教师在学业规划中要引导学生不断进行自我分析和定位，使其符合学生自身特点和职业发展需要。这个过程不是短期培训或教学所能够实现的，需要长期和系统地学习和了解，进而不断完善自身学业规划。辅导员和教师要对学生给予思想上和学业上的帮助，引导其早日建立良好的学业规划。

（三）帮助学生建立良好的职业观

教师在学业规划中应帮助学生建立良好的职业观，通过对专业课程的学习，学生可以了解所学专业与未来职业发展之间的联系。通过学业规划建立基本的职业观念，有助于帮助学生在后续课程学习中树立更加明确的目标。辅导员和教师可以通过专题讲座、主题活动等形式，向学生介绍专业知识和未来职业发展前景。还可以邀请相关行业企业管理者和经营者来校开展讲座，使新生能够接触到行业前沿信息，进而建立适合自己的学业规划。

第二节　大学生的社会实践活动

一、大学生的社会实践活动概述

（一）大学生的社会实践活动的内涵

大学生的社会实践活动，是指高校依照时代现实的发展趋势，依托有组织的社会基地，健全实践教育机制，帮助大学生将思想政治教育理论与专业知识投身社会建设的服务、教育与宣传活动。

《关于进一步加强和改进大学生社会实践的意见》中表明，社会实践帮助大学生探寻社会的客观发展规律，吸引大学生自觉提升社会服务意识。要针对特定群体提供多种形式的实践活动，构建长期合作的实践载体，用公正有效的制度保障学生的生命安全与合法利益。鼓励学生踏出象牙塔，在现实社会中扎根基层，与不同群体展开深入的沟通交流。组织开展实践教学、就业实习、军政培训、劳动生产、社会调研、志愿活动、科技创新、勤工俭学、"三下社区"和"四下乡"等活动。学习性和成长性是大学生进行社会化行为的主要特点，目的在于为更好适应社会发展、履行社会义务打下坚实基础。

（二）大学生的社会实践活动的特征

大学生的社会实践活动，具有以下几方面的特征：

1. 社会性

人是一切社会关系的总和，大学生正确的价值准则和道德品质的形成离不开社会现实的磨砺。大学生将会接触更为多元化的群体，发现社会生活的复杂性与真实性，从而更为理性客观地看待社会热点问题。提高自身实践应用能力以更好适应现实生活，为更好服务社会、履行社会责任、奉献自身价值打好坚实的基础。通过社会实践活动，大学生可以增加社会阅历，缩小与社会生活间差距，提高社会认同力。围绕社会生活的发展创造劳动财富，提升社会价值，推动社会现代化文明化的整体跃升，踏实工作，为民奉献。

2. 教育性

大学生社会实践也是一种教育教学活动，制约、影响着大学生生活的方方面面。首先，社会实践活动是对课堂理论知识的延伸拓展，能够有效弥补专业理论知识的不足，开阔眼界，优化知识机构，完善知识储备。相比较于课堂传授，社会实践活动会带给大学生更为生动、透彻、立体的实践体验。其次，社会实践活动能够帮助大学生巩固课堂知识，更好地发现与弥补理论上的不足，缩小与社会现实的差距，处理好在社会生活中遇到的挫折与挑战，最终达到知行合一的目的。在社会实践活动的过程中，大学生完成对理论知识的整合和建构，形成一套新的思考体系，在此基础上涌现出社会问题的新看法、新理念、新观点、新思路，实现知识的创新。

3. 多样性

大学生开展社会实践活动的内容、形式及群体的选择具有多样性。社会实践活动的群体是多样的，针对不同年级的学生有不同的实践内容。既有团委等相关部门的指导，也有学院组织的相关安排，同时学生也能自发进行各种实践活动。社会实践活动的范围不局限于课堂和学校，社区、企业等社会机构也是实践的重要场所。实践教育的内容和形式同样丰富多样，比如社团活动、校园文化建设、课外知识竞赛、义工义诊和参观革命圣地等。无论从社会实践活动的群体角度出发，还是从社会实践活动的空间时间角度出发，其最终目的都在于实现大学生自由而全面的发展。

（三）大学生的社会实践活动的基本形式

大学生的社会实践活动的基本形式依照空间划分为校内社会实践与校外社会实践，二者都是与课堂教学相对应的教育方式。

校内社会实践即在高校内集中开展的实践活动。根据教学资源的差异，又可划分为校内课外实践和校内课堂实践两种。

第一，校内课外实践。即形式多样的校园文化活动，比如社团活动、理论宣讲活动、比赛活动、纪念活动等。

第二，校内课堂实践。包含学生展示、情景再现、实践案例解析等形式，是教师依照不同教学主题计划的实践教学方案及开展的课堂实践活动。相比较于校外实践活动，校内活动具有操作性强、参与面广与实效性强的特点。

校外社会实践即高校根据具体育人方案开展的引导大学生走出校门、走进社会的培养综合素质的教育活动，主要包括以下几种形式：

第一，社会观察型实践活动。即大学生有目的性地通过对社会现实进行观察，探求社会生活本质和发展规律的实践活动。包括社会调查、参观调研等。

第二，劳动服务型实践活动。目的在于引导大学生树立服务意识和责任感，掌握生活技能，加强与社会的联结。主要形式有乡村支教、志愿者活动、"四进社区"等。

第三，实习就业型实践活动。形式包括但不限于金工实习、勤工俭学、实习就业等。有助于大学生增强独立意识与群众观念，健全自身人格，在实践中了解社会，对未来职业发展有更为清晰的计划。

二、社会实践活动在大学生成长成才中的作用

（一）社会实践活动有利于调动学习积极性，理论联系实际

高校大多数大学生求知欲、成才欲强。追求知识、全面发展、完善自我是这一代青年群体的主旋律。在社会实践活动中，许多学生深有感触，感到自身的知识和能力满足不了社会的需要，这就无形中产生了压力，也成了他们前进的动力。他们认识到，为了适应社会，不仅要深度掌握本专业知识，还要具备相关专业知识；不仅要学好本专业的基础课、专业课，还要接触将来工作所必备的管理科学、领导科学、社会心理学、法律等方面的知识；不仅要学好书本理论，更重要的是要知道如何将其运用到生产实践中去。可以说，社会实践活动是学生课堂教学内容的延伸。通过社会实践活动可以把学生在理论学习中遇到的问题带到实践中去解决，增强大学生对理论学习的理解和把握能力，激发他们的学习兴趣。另外，在社会实践活动过程中，也会遇到运用所学理论无法解释的新问题，从而激发学生学习的主观能动性，使他们继续去钻研，达到理论的新高度。因此，有的放矢地选择社会实践活动的内容和方式，有助于帮助学生检验学习成果，发现课堂理论学习的不足和学习中的缺陷，从而改进学习方法，培养创新意识和学习的自觉性，不断提高个人综合素质。

（二）社会实践活动有利于大学生了解国情，培养爱国精神

大学生正处在世界观成熟的关键时期。通过社会实践活动大学生可了解国情，理解党的政策、方针，树立正确的奋斗目标和价值取向，增强责任感，培养爱国精神。开展不同层次的社会实践活动，可以使大学生广泛接触社会，学习先进模范人物的优秀思想品质，以提高自身的思想觉悟，升华理想信念。通过社会实践活动，大学生用自己的双眼去观察，用自己的大脑去思考，更好地完善自我。

三、新形势下积极开展大学生社会实践活动

（一）社会实践活动要与社会热点问题相结合

社会热点问题是某一段时间政府、群众都关注的一些问题。把社会实践活动与社会热点问题相结合，一方面可以真正服务于社会，做一些社会需要的、群众盼望的事情；另一方面可以充分调动广大学生的积极性，激发学生的参与热情。

（二）社会实践活动要与专业知识相结合

大学生社会实践活动的目的是锻炼学生把自己所学的专业知识用到实践中去解决一些实际问题。大学生从小学到大学接触的大部分都是书本知识，缺乏实践经验，从一定角度看他们的知识掌握得不扎实，动手能力也较差。因此，大学生社会实践活动应该多与专业知识相结合。这样，既能使广大学生理论联系实际，学以致用，又能培养学生的科研兴趣，还有助于提升学生的实践能力。

（三）社会实践活动要与大学生就业相结合

随着我国经济的快速发展，我国的综合国力逐步增强，这给我们带来了许多机遇，但同时带来更多的竞争、更多的压力。现在的用人单位，注重的不仅是大学生的学习成绩，而且注重动手能力。因此，社会实践活动与大学生就业相结合，不仅为将来就业做好充分准备，而且还为大学生创造就业机会，向用人单位推荐毕业生。这种把社会实践活动与大学生就业相结合起来的做法，可以帮助大学生更好地了解自己，激励他们在实践活动中锻炼自己。

社会实践活动作为高校培养人才的一个重要环节是不可缺少的组成部分，是融学校教育、社会教育和自我教育为一体的教育形式。作为大学生提高综合素质的有效途径，它既是大学生增知识、长才干、受教育的最佳途径，也是大学生正确认识自我、完善自我、了解社会、增强社会责任感的理想渠道。加强大学生社会实践活动是高校育人的重要环节，既是培养高素质人才的需要，又是满足大学生渴望健康成长的需要。

第五章　旅游类专业职业适应与发展

第一节　职业适应概述

一、职业适应的含义

职业适应是指个体与特定的职业环境之间为了达到和谐而相互适应的过程。职业适应水平是指个体在某一时间点对其职业生涯的适应程度，它在一定程度上决定了毕业生的就业成功率，对他们未来的职业发展有着重要的影响。

事实上，人与职业的匹配是相互的。职业的适应性既要从人的角度看，也要从职业的角度看。对于个人来说，它具体指的是一个人的个性适应他所从事的职业的程度。就专业活动而言，通常是指某一类专业活动的特征与人的个性特征有机统一的程度。当然，在职业适应的过程中，个体本身扮演着主要的角色，占据着主导地位，而职业对人的要求是不断变化的，这就要求人们适应不断变化的工作类型、岗位、工作技能要求等。事实上，每个人和他们所从事的职业之间都存在着适应和不适应。职业与个体的适应是一个渐进的过程，只有在不断磨合的过程中才能达到和谐统一。同时，人的个性特征与职业活动也是相互作用、相互关联的。因此，个人在工作实践中要不断培养和加强个人素养，这对于新的职场环境尤为重要。

简言之，职业适应就是个体在职业认知和实践的基础上，不断调整和完善自己的思想、态度、习惯、行为和知识结构，以适应职业生活的发展和变化的过程。

二、职业适应的内容

大学生从走上工作岗位的那一天起，就必须主动适应职业，这也是大学生向职业转型的第一步。从进入职业到完全适应职业生活，一个人需要经历一系列的学习和实践过程，如观察、理解、认知、模仿、识别和专业规范的内化，适应企业文化，适应工作环境和岗位规范，以达到积极适应职业生活。大学生在就业之初能否适应职业生活和环境，将直接影响到他们的工作效率和个人信心。因此，了解和掌握职业适应的内容，有利于工作的顺利开展，有利于个人的成长。实践证明，大学生的职业适应包括角色适应、心理适应、生理适应、能力适应、环境适应和群体适应六个方面。

（一）角色适应

角色适应是对工作岗位的适应，即对职业的职位、性质和责任的适应。刚毕业的大学生往往把事情看得简单而理想化。由于社会角色的变化，大学生在就业之初就会遇到角色适应问题。大多是由于对新工作的预估不足，思想不切实际或者不能及时转变思想观念，这些因素让很多大学生在初入职场时走弯路，甚至于碰了壁还莫名其妙、不知所措。因此，大学生在踏上工作岗位后，要能够根据现实的情况及时调整自己的期望值和目标，明确自己在职场中扮演什么样的角色，该怎样提升自己的职业适应力，并善于用新的职业规范要求自己，以便能得到较好的发展。

（二）心理适应

心理适应是指大脑对新职业的各种信息所引起的各种心理过程，人们对新环境都有一个适应的过程。心理学认为，当个体的社会角色发生变化时，新旧角色的转换过程中必然会伴随着不同角色之间的冲突。这种角色冲突是普遍存在的，因此，从学生角色向职场角色的过渡必然会产生各种问题。

1. 在新的工作岗位上的心理适应

大学生在走上新的工作岗位以后，容易产生怀旧心理，常常会以学生的角色来要求自己和对待工作，以学生角色的习惯方式去观察问题、分析问题，导致在工作上常被动地听从上司的安排和指挥，少有独立工作的观念。

大学生在新的工作岗位上，会遇到比较复杂的人际关系和较为沉重的工作压力，这些都需要毕业生很好地自我调适以适应工作需要。学会从底层做起，做一个既能干，又肯干的人。在工作中要勤于向单位的"老同志"学习，也许他们没有很高的学历，但是他们有更多的阅历；也许他们没有很丰富的专业知识，但是他们有更独特的观察视角；还有就是要多向与事件没有直接利害关系的局外人讨教，避免一叶障目的错误。

2. 面对职业预期与现实差距的心理适应

对于入职不久的新人来说，他们对新的工作岗位充满着各种各样的期望。但是，这些期望一般都不理想，往往与现实情况存在着较大的差距。当入职前形成的心理期望不能很好地满足时，就会产生一种失落心理，影响自己的工作抱负和对职业发展前景的看法，动摇自己对职业的长期信心。遇到这种情况要给自己设定一个切实可行的短期目标，使自己能够清晰地看见彼岸，明确责任和使命，产生动力，不断完善自我，向目标前行。当这些目标实现后，一种成就感就会出现，心态也会向更积极的方向转变。

心理适应是一般新人跨入职场的基础，所以，大学生在心理适应上要更加注意。只有把握好良好的开端，后面的职业生涯才会少些艰难。首先，心理适应最重要的一点就是要自信，自信是提升自己工作适应力的第一步。刚开始从事一个新职业肯定会有许多意想不到的困难，但是只要自己慢慢积累经验，吸取教训，学会适应，在同事们的帮助下，自己独立工作的意识会慢慢养成，困难也将一一被克服。其次，就是耐心且脚踏实地地工作，这样能让自己在遇到各种棘手问题的情况下也能镇静自如地应对。通过应对各种不同的问题，自身的创造性和能动性也将会有进一步的提升。最后，学会在生活中扮演多种角色。例如，一个人在他的下属面前是一个好上级，在他的领导面前是一个好下属，在他的同事面前是一个好同事，在他的父母面前是一个好儿女。

（三）生理适应

生理适应是对工作时间、劳动强度和紧张程度的适应。离开学校后就业，环境变化很大，许多大学生不适应工作的节奏，感觉时间受到限制，在这种情况下，更要注意科学利用时间，管理时间，注意生活规律。这对制定一些策略是很重要的。第一步是为自己做的每件事都设定一个时间限制，每天管理好时间。第二是找出最重要的是什么。研究人员指出，我们只有20%的时间花在了真正重要和有意义的任务上，剩下的80%花在了次要的任务上。所以，为了有效地利用和管理时间，要区分哪些是重要的、需要迅速解决的，哪些是次要的、可以忽略的。最后，在分清轻重缓急之后，要找出做事的正确顺序。分清重要而紧急、重要而不紧急、紧急而不重要、不紧急而不重要。只要生活有规律，生理上就会避免不适应的情况。

（四）能力适应

能力适应是指大学生根据职业岗位所需的知识和能力结构，调整和完善自身的知识和能力结构，使其适应职业岗位的要求的过程。目前，许多企业反映大学毕业生在工作岗位上实际的知识应用率不到 40%，大多数大学生不能将所学到的知识转化为岗位上的实际能力。我国的大学毕业生从入职到在岗位上完全自由施展自我才能的周期为一年左右，而发达国家大学毕业生的这种周期仅为 3 个月左右。大学毕业生只有将已有的知识结构与适应社会需要的各种能力整合起来，使自己的职业能力具有更广的适应性，才能在职场竞争中处于优势地位。

当前经济形势复杂，市场竞争十分激烈，用人单位对毕业生的技能要求越来越高。希望毕业生能尽快适应工作的要求，独立开展工作。职业能力的形成有赖于职业知识的获取，而职业知识在一定程度上具有社会性。个人可以通过参加社会活动形成自己的职业知识和经验。对于具有挑战性的工作，大学生应主动申请，并在完成工作任务过程中展现自己。

（五）环境适应

对工作环境的适应就是员工感到自己与企业之间有许多共同点，从而产生归属感。这种归属感取决于员工与企业的关系程度。由于人们所处的环境（自然环境、地理环境和社会环境）是不断变化的，适应环境就要随着环境的变化而变化，在适应中获得更好的发展。环境适应主要是指人对社会环境的主观能动作用。职场新人在适应环境方面往往会出现各种问题，主要表现为浮躁焦虑、自由散漫、高人一等、低技能等。这些现象会对毕业生适应环境造成明显的不良影响，不良影响得不到很好的纠正和处理，就会导致一些大学生不断跳槽，工作热情不高，工作质量下降。

（六）群体适应

群体适应是大学生在就业后对新的工作群体的适应。大学生在学校期间，面对的关系相对单一，基本上没有利益冲突或争执，但在进入工作岗位后，新关系和工作环境变得复杂，会面对不同的人。为了尽快适应新的群体，这时候大学生首先要把姿态放低一点，恰当的礼貌往往也会赢得好感；其次也要适当地表现自己，让同事和上司认可自己，赢得职场人缘。工作中切记不能居高自傲，自作主张，对他人指手画脚等，在职场上把握好人际关系对自己的工作有莫大的帮助。

第二节　职业适应存在的问题及解决方法

一、从学生到职业人的适应

告别了十几年刻苦学习的学生生涯，踏上了漫长的职业道路，迎来了人生新的里程碑，能否顺利完成转型，尽快进入新的"角色"，是适应职业环境的关键。因此，每个即将毕业的大学生都必须有足够的心理准备，增强角色意识。

（一）正确认识学生角色与职业角色的区别

学生角色和职业角色是两个完全不同的社会角色，因为他们的社会权利和义务是不同的，所代表的身份也是根本不同的。

在大学期间，学生的主要职责是努力学习各种专业知识，掌握各种生活技能，使自己德、智、体全面发展。虽然大学生已经开始享受大部分的社会权利，也需要履行同等程度的社会义务，但社会对大学生的要求更多的是接受教育，完成好学习任务。在经济能力方面，大部分大学生并没有独立的经济能力，这一时期大学生主要以学习为主，生活重心主要局限于校园环境，经济来源仍然主要依靠家庭。

职业角色比学生角色更复杂和个性化。所谓的职业角色是参与社会分工，用自己深厚的专业知识、技能和素质，为社会创造物质财富和精神财富，获得合理报酬。一个人在工作中最重要的社会责任是在自己的职位发挥专业知识和能力，服务社会，同时获得他们自己的物质价值和精神价值。在经济方面，进入职业角色就意味着经济独立，没有理由依赖家庭和他人的帮助。在人际关系方面，职业角色要承担更复杂的人际关系，而社会中的人际关系比学校中的更复杂、更微妙。在责任方面，作为一名职业人士，应该能面对快节奏的生活和紧张的工作，承担更大的压力和社会责任。

（二）学生角色到职业角色的转换

角色转换是指个体由于社会任务和职业的变化而从一种角色转换到另一种角色的过程。最根本的变化是权利义务的变化。

在高校毕业生从学生角色向职业角色转变的过程中不可避免地会发生角色冲突，高校毕业生只有尽快为职业角色观念的形成做好准备，提高技能，才能使自己的职业生涯有一个良好的开端。

1. 毕业前夕的准备

在中国，大学毕业生通常在每年的 7 月初离开学校去工作，但就业准备工作通常在大三就已开始，前后一共差不多一年的时间。可以说，这一时期是毕业生转变角色的重要阶段。在这个阶段，学生应该学会认识自己，了解自己真正的需求、能力范围和职业兴趣，并在此基础上寻找适合自己的工作，为即将到来的入职做好充分的身心准备。学习自我认知、自我定位和自我调适，是这一阶段的主要工作。

（1）自我认知

自我认知包括了解自己的生理状况，如自己的身体特征、外貌特征、兴趣、能力、个性、气质等，还要了解自己的心理特征和心理容忍度，要对自己的关系有明确的认识。简而言之，就是要知道自己喜欢做什么，不喜欢做什么；什么能做，什么不能做。

（2）自我定位

自我定位是在明确认识自己的基础上，对自己未来的工作岗位进行心理定位。毕业前夕是择业的黄金时期。毕业生可以通过与用人单位的"双向选择"，了解用人单位，合理确定自己的职业和工作岗位。自我定位有助于毕业生了解自己的目标和需求，在择业过程中更加客观全面。在与用人单位接触的过程中，毕业生要全面了解用人单位的基本情况，感受社会的认可程度，根据实际情况调整自己的定位。这是学生角色转变为职业角色的第一步，为职业选择奠定了方向。

同时，在求职的过程中，个体也会发现理想与现实之间的差距。从签订就业协议到毕业，要有针对性地进行知识学习和能力培养，为角色的顺利转换奠定基础。

（3）自我调适

不是每个人的择业过程都是一帆风顺的，大部分毕业生在择业时都会遇到困难，当面对出现的各种困难时，毕业生非常需要进行恰当的自我调适，并利用毕业前这段时间，在顺利完成学校要求的实习实践和毕业论文的同时，进行一定的学习和训练。

一是学习与未来工作密切相关的专业知识和技能。一般来说，大学课程侧重于基础知识的学习和基本技能的培养，但并不一定涉及特定岗位所需的专业知识和技能。通过学习和培训，可以加深对未来职业岗位的认同，培养职业兴趣。

二是开展非智力技能培训。毕业生应该有勇气展示自己，克服"害羞"

和"胆小"心理，学会表达自己，提高书面表达能力和口头表达能力。在与人沟通的过程中，要真诚友好，用富有感染力的语言表达自己的意图。

三是做好必要的心理准备，尤其是"挫折准备"。并不是所有的大学毕业生都能取得成功。没有谁的事业是一帆风顺的，前进的路上总会有困难。如果心理准备不足，就会产生不良情绪，导致能力的下降。因此，在上学期间要提前调整心态，充分做好心理上的"失意准备"。

2. 实习期的角色转变

一般来说，毕业生在工作之初都会有一段实习或试用期，这段时间有长有短。实习期是角色转换的"磨合期"。虽然实习期没有未来漫长的职业生涯重要，但它在很大程度上决定了一个人未来职业的成功。实习期的角色转换主要包括两个方面。

（1）熟悉适应新的工作

实习期实际上是一段学习和熟悉职业的时期，当初入职场时，需要及时了解自己的新职业。最重要的是学习实用知识，尤其是如何将书本上的知识与实际相结合。大学生应加快社会化进程，实现角色转换，在实习过程中要熟悉三个方面的情况。

一是熟悉环境。主要了解本单位的业务、成长和发展过程；了解单位的性质，包括资产规模、所有权性质等；了解组织的现状、公司的产品结构；了解单位的组织结构，包括领导、领导构成和管理模式；了解各项规章制度，包括财务制度、考勤制度、工作纪律、操作流程，甚至差旅费报销制度；了解单位人事制度，包括晋升、调配、考核、奖惩、工资福利等一系列制度。

二是了解企业文化。企业文化是一种黏合剂，可以团结所有的员工，使他们形成一个整体。通过企业文化，可以明确所有员工共同的追求、目标、行为准则和价值标准，加快适应企业要求的步伐，使自己能够快速融入公司。

三是熟悉工作内容。这包括明确职位的任务和责任；明确岗位处理事务的工作权限；明确岗位处理事务的执行程序，并按程序处理事务；掌握本职工作所需的基本技能。如对医疗行业的人来说，了解医疗程序甚至该行业的流行术语是很重要的。而对于从事行政事务的人员，需要熟悉工作程序和工作规范，以认真的态度，尽最大努力完成领导交办的任务或其他任务。学会及时反馈，将处理的事务进展或结果及时报告给相关部门或人员，以便及时掌握和了解情况；在执行任务时，如果遇到不能解决的问题，及时向相关负责人汇报；了解部门有哪些职责和工作范围，这将有助于自己解决所遇到的问题；以强烈的责任感向上级提出合理化建议，提高部门的工作效率。大学生能否通过实习获得一个更好的职位，还取决于是否符合老板的意图，单位与团队之间的和谐程度。因此，熟悉工作也包括这些不成文的人事经验。

（2）调整心态，完善自我

进入工作岗位后，仅仅具备工作能力还不够，除了专业知识的学习储备外，还应该学会快速调整心态和学习基本的职场礼仪。具体可注意以下方面：

一是承认现实，接受现实，适应现实。现实是客观存在，当我们不能改变现实，不能改变他人的认知和对现实的态度时，应努力适应新环境、新的人际关系，调整自己的心态，尽快进入新集体，让自己尽快成熟起来。

二是专心工作，吃苦耐劳。做好本职工作是角色转换的基础。刚刚走上工作岗位的毕业生应该尽快走出大学生活，尽快投入新的工作中去。愿意吃苦是角色转变的重要条件，只有肯吃苦，才能迅速适应工作，及时融入角色并实现角色的转变。一些大学生缺乏吃苦耐劳的精神，上班时怕吃苦怕累，这必然会影响角色转换的顺利实现。

三是虚心学习。事实证明，一个人在学校学到的毕竟是有限的，大部分的知识和能力还需要在工作实践中学习。虽然大学毕业生在学校已经学了一定的知识，但是进入工作岗位后，他们必须从头开始学习。毕业生要谦虚勤奋，尽快实现角色转变。

四是善于观察，勤于思考。要进入一个专业的角色，需要运用自己的头脑，尤其是观察力和思考能力。只有善于观察，才能发现问题，并运用自己的知识解决问题，真正探索专业对象的内部结构，掌握第一手资料。只有勤于思考，在工作中才会有自己的见解，逐渐具备独立开展工作的能力，更好地承担角色责任。

五是勇于承担重任。勇于承担重任，乐于奉献，这是完成角色转型的重要体现。大学毕业生去工作之后，从一开始就应该严格要求自己，树立高度的责任感，不计较个人得失，勇于承担工作责任，主动适应工作环境，以便更好、更快地完成角色转换。要自信，学会独立思考，能够自己为自己的目标做决定。采取积极措施克服心理感受，如自卑、孤独和失落。

六是养成良好的职业习惯。在实习期间，要特别注意养成守时、诚实守信、多做少说、严格要求自己、宽容他人的良好习惯。首先要了解单位的工作和休息规则，熟悉其规章制度，无论是工作或会议时间，还是外出会见客人，都必须严格遵守约定的时间，一般应提前5分钟到达约定的地点。在人际交往中，一定要诚信，说到做到。

七是注意职场礼仪。职场礼仪内涵非常广泛，比如衣着、站姿、坐姿、走姿、体态和语言。毕业生建立良好的第一印象特别重要。俗话说，一百个表现不如一个印象，毕业生初到一个单位，领导、同事将以你的言谈举止、工作情况等对你整个人的知识水平、工作能力、心理素质等进行判断。毕业生在单位中要懂得尊重和谦让，展现恰当的职业礼仪。刚刚走上工作岗位的大学毕业生，衣着打扮应能表现青年人朝气蓬勃、乐观向上的精神面貌，以整洁、朴素、大方为宜。不同性质的单位对工作人员的服饰仪表有着不同的审美标准与习惯。例如，政府机关、学校等单位要求端庄、大方、稳健得体；大公司则要求职业化特色浓厚，能体现公司精神。

二、职业适应过程中应注意的问题

（一）树立良好的第一印象

对于新入职场的大学生来说，迈好职场的第一步至关重要。人与人之间的相互认识和了解总会有第一印象。如果一个人第一印象不错，人们也会寻找他其他的好的品质。反之，如果一个人不招人喜欢，人们会开始在其身上寻找弱点和缺点。比如在医院，良好的第一印象可以增添患者对医护人员的信任感，形成良好的医患关系；在企业，良好的第一印象可以赢得客户的支持，从而提升工作业绩。因此，第一印象很重要，它直接影响着一个人以后的形象和事业的发展。

怎样才能给别人留下良好的第一印象呢？一般到了新单位就职，应从以下几个方面努力去做：

1. 尽量收敛自己的个性

初涉职场的毕业生，需要做多方面的自我调整。学校强调个性，鼓励学生个性的协调发展。但企业强调团队精神和严谨的工作作风。职场上需要的不是个人独秀，而是个人与团队的积极配合，需要集体的智慧和力量完成工作。

2. 保持平常的心态

初入职场的大学生要有从零开始的心态，充分尊重领导和同事的意见。无论他们的年龄大小，只要他们比自己早到单位，就应该虚心向他们学习，以平常心对待工作和同事。时刻问自己"我可以为团队做什么贡献？"而不是急于表现自己。在工作中，特别是在企业，强调的是结果，谁能出成绩谁就是好样的。这和学习成绩及来自什么学校无关。

3. 表现得体的言行

个人的相貌是天生的，不能改变，但言谈举止是可以通过自身修养和学习得到完善。在单位，对待任何人，都应该亲切、热情、大方、有礼貌。切忌目中无人，唯我独尊；也切忌自卑，羞于讲话，甚至在待人接物中不知如何是好，显得十分拘谨。这样显得自己不成熟，会给人留下不好的印象。

（二）了解企业文化氛围

企业文化氛围是指在企业整体环境中体现出的企业所尊重的特定传统、习惯和行为方式的精神风貌。企业文化氛围是无形的，以其潜在的形式，影响和传播企业的整体精神追求，从而产生思想和意识意志的升华。它是一个企业特殊的文化气氛和情调，虽然看不见摸不着，但可以被感觉得到。通过强化企业文化，可以影响企业的日常管理、员工的价值理念和企业的生产经营效率。

（三）从小事做起

近年来，大学生要求调整工作岗位的数量正在增加，因为一些毕业生走上工作岗位后将从最基本的工作开始，但他们很长一段时间一直无法稳定自己的情绪，进入职业角色，寻找各种各样的其他原因，认为被大材小用了，没有适合自己的位置。其实，如果不能静下心来学习，不能适应工作，那么无论什么样的单位都不合适。刚开始工作时，不要期望能挣很多钱或很快得到晋升。年轻人在日常工作中往往好高骛远，不屑做琐碎的事。事实上，新人应该服从领导从小事做起认真做好各项工作。

（四）适时表现自己

一些毕业生不知道如何适时表现自己，其实在工作中，当领导在场时，不退缩，而是表现适度，敢于说话。开会的时候不妨坐得离领导近一点，尤其是领导让大家说话的时候，提出一些合理化建议都可以让领导对自己刮目相看。当然，行为举止要稳重，不要贸然打断领导的讲话，更不要自吹自擂、咄咄逼人。

（五）正确对待批评

在角色转换过程中，部分毕业生受社会环境的影响，表现出不踏实的浮躁风格和不稳定的情绪。想做这份工作同时又想做那份工作，不能深入工作中去了解工作的性质、责任和技能。不能客观面对领导或高级员工的批评，当遇到困难时，想要调整自己的位置来逃避。其实，工作之初犯的错误不会毁了前程。犯了错误应该先道歉或者主动检讨，虚心听取批评意见。试图掩盖错误或喋喋不休地找借口，强调客观性或指责他人，比错误本身更糟糕。

（六）培养人际交往能力

职场人际关系是诸多人际关系中的一种类型，是身在职场中的人必须全面把握和灵活运用的一种社会关系。它具有一般人际关系的交往共性，同时又与其他人际关系有着显著的不同。作为初涉职场的毕业生，要把握处理人际关系的原则，提升自身的综合素质，特别是要注重提高明辨是非的能力，不能人云亦云、随波逐流，不能为了单纯的利益而去建立职场上的人际关系；否则，不仅周围的人会对你"敬而远之"，而且个人的发展也极易偏离正常的轨道。在工作过程中，应该注意自身外表形象和言谈举止，不任意妄为，要积极主动与别人交往并表现出良好的合作能力。学会幽默地与他人沟通，并在适当的场合恰当地赞美别人。当工作中遇到挫折、委屈、误解的时候，要注意控制自己的情绪。不要强加自己的意愿给别人，要善于倾听反馈，最重要的就是学会换位思考。

（七）善于向别人学习

一些毕业生刚到新的工作环境中，不知道如何开始工作，如何处理问题，胆小，害怕责任，害怕事故，怕影响不好。正因为如此，年轻人才更应该谦虚，善于倾听，善于向别人学习，一些毕业生认为自己接受了系统和正规的高等教育，获得了文凭，学习了知识和技能，已经是更高水平的人才，因此，经常瞧不起基层工作和基层工作人员，甚至认为自己是大材小用。

（八）理性面对跳槽的诱惑

跳槽可以为从业者创造更大的发展舞台，跳槽是一种常见现象。但是，初涉职场的年轻大学生，往往难以成熟地面对利益诱惑、待遇攀比、他人鼓吹等不利因素的影响，处理不好跳槽与职业发展的关系，这山望着那山高，越跳越不理想，以致荒废了自己的青春年华。

要辩证地看待此类问题，现实和理想是有距离的，在做出决定之前，先问问自己以下几个问题：

第一，我对现在的工作有什么不满意的地方？

第二，仔细考虑过换工作了吗？还是一时冲动？试过调整自己吗？

第三，换工作会失去什么？又能得到什么？

第四，适应新的工作环境和建立新的关系需要更多的努力。我有信心吗？

第五，我的背景和能力能否适应新的工作？

第六，我有没有职业目标？新的工作是不是提供了清晰的职业方向？

当你思考得出的总体答案是：自己不能胜任此项工作，与领导的工作不合拍，单位没有前途，家庭原因所迫，自己做好这项工作非常轻松等，此时你可以考虑寻找新的机会了。要注意的是，跳槽有机会成本。如果机会成本不大，往往容易做出自己的选择。但是，职位、收入越高，机会成本就越大，衡量机会成本有利于我们理性选择。

从长远来看，初入职场的大学生，不能轻言跳槽。在这个实力决定生存的时代，没有充足的知识准备与能力修炼，只靠运气和机遇是不行的。当遇到压力，对工作岗位和职责有所不满、有所怨言的时候，不妨考虑得长远一点、冷静一点、全面一点，不能稍有不满就想跳槽。这在一定意义上来说是对现实的逃避，是无能和无助的表现。遇到挫折的时候，不能简单地和同事、同学进行攀比，每个人的起点不同，各有各的专长和特点，适合别人的并不一定适合自己，要充分认识自己的长处，把它发挥出来，才能走出一条适合自己的成功之路。

三、职场适应过程中的人际关系问题解决方法

人际关系是职业生涯中一个非常重要的课程，良好的人际关系是舒心工作和安心生活的必要条件。对于即将毕业的大学生来说，自我意识较强，要踏入社会错综复杂的大环境里，更应该处理好职场中的人际关系。

在职场中，更多的是接触上级、同事、下属和竞争对手，只有处理好他们和自己之间的关系，才会使自己的事业蒸蒸日上。

（一）对待上级要尊敬

在职场中，与上级相处时，应在尊重的前提下，有礼有节有分寸。上级丰富的工作经验和与人相处的方式，值得学习和借鉴，要尊重他们过去的精彩和自豪的表现。服从上级是工作中必不可少的，可以提建议，但要言之有理，言之有物，同时还要言之有"礼"，这样才可以得到上级的认可和关注。

上级需要你的支持。所有的领导都喜欢听话的下属。如果你和你的上级保持过远的距离，他会认为你不可靠，不能完全信任你。在服从上级指示的同时，要表现出对上级意见的支持。虽然服从和支持的结果是一样的，但是不同的表达方式会带来完全不同的效果。即使你不同意上级的意见，在表达自己的意见时也要用咨询的语气，尽量理解他的意思，不要让对方感到尴尬。

（二）对待同事换位想

工作中有各种各样的上级，虽然你不需要都向他们汇报，但你可能需要他们工作上的支持。团队的绝对和谐是很难实现的，你要做的就是最大限度地争取与团队成员的相互信任与合作。

小心办公室关系。不要轻易向上级报告同事所犯的错误，也不要炫耀自己与上级的关系，否则不仅冒犯了同事，上级也可能对你有不好的印象。

保持合理的距离。距离产生美，和同事不要太近也不要故意疏远。

要改善与同事的关系，还要学会从别人的角度考虑问题，善于做出适当的自我牺牲，要为别人着想，不要以自我为中心。心胸开阔，接受别人，也接受自己。

（三）对待对手有胸怀

工作中，竞争对手是无处不在的，一定要争得你死我活是最愚蠢的。当你领先于竞争对手时，你不必看不起他们；当他们领先于你时，你也不必气馁。不管竞争对手怎样为难你，都不要和他争吵，微微一笑，静下心来做好手头的工作。如果眼睛中全是敌人，外面就全是敌人，与他人竞争的时候不要带仇恨，带仇恨一定失败，做到心中无敌，便是天下无敌。放平心态对待每一个竞争对手，露齿一笑，既有大度开明的宽容风范，又有一个豁达的好心情，还有必要担心自己会失败吗？

第三节　旅游类专业的职业发展

一、职业的形成

职业是人类普遍的生存、生活方式，是促进个性发展的手段，也是实现个人社会价值的基本途径。职业起源于劳动分工，而分工的目的在于发掘劳动个体的优势，提高效率。职业产生与发展是社会经济发展的结果，是社会分工的必然产物。应该说职业是社会发展的产物，是人类伟大、神奇的发明。

不同的社会分工、工种、岗位的职业，会赋予不同的工作内容、职责、声誉和社会地位，以及不同的劳动规范和行为模式，于是便有了特定的社会标记和专门的劳动角色，如工人、医生、教师、科学家、记者、快递员、乘务员等。

二、职业发展概述

随着社会经济的快速发展，社会分工越来越细化。职业发展的形势及趋势日新月异，职业发展的内涵、形式和特征也在一定程度上发生了变化。职业发展的成功与否直接影响着个体的人生价值能否得到充分体现。了解职业发展的变化，对于当代大学生树立正确的职业选择观，科学合理地规划个人职业发展，实事求是地择业具有重要的现实意义。

（一）职业发展的定义

职业发展是组织用来帮助员工获得当前和未来工作所需的技能和知识的

一种方法。它也是个人逐步实现自己的职业目标和工作理想，不断制定和实施新的目标的过程。职业发展，又称职业生涯，是一个人一生中所从事的一系列工作构成的一个连续不断的过程。它与组织密切相关，是个人和组织的共同追求。

（二）职业发展的形式

一个人职业发展的形式可以是多种多样的，但主要分为职务变动发展和非职务变动发展两种基本类型。

1. 职务变动发展

职务变动发展包括两种常见的形式：工作晋升和平行调动。工作晋升是常见的职业发展现象之一，它通常被认为是事业成功的标志。关于职业上的平行调动，尽管职位没有提升，但通常能满足一个人的职业发展的需要，因为在一个新的岗位上可以学习更多的知识，获得更多的经验和能力，并且在职业目标发展上，也为个人提供了一个新的发展空间。

2. 非职务变动发展

非职务变动发展也是个人职业发展的重要形式之一，特别是在个人晋升空间较小的情况下，非职务变动发展在一定程度上弥补了个人追求职业成功的需要。特别是对于组织扁平化和高层管理人员较少的单位和部门来说，非职务变动发展已成为个人进步的同义词。中层员工的职业发展主要是非职务变动发展，也就是通常所说的岗位轮换或岗位变换。

目前，随着职场变化的加快，非职务变动发展越来越成为职业发展的重要形式。为适应激烈的市场竞争，许多企业正经历着收缩、优化、重组、外包的变化，不得不削减管理层的空间，这使得越来越多的公司、机构呈现出扁平化结构。在此情况下，由于没有更多高一级职位的空缺，为了留住有才干的员工，往往会通过发展员工现有职务"责权利"的方法，让他们"在原地生长"，使其职业生涯得到发展。

三、个人职业发展的影响因素

（一）个体因素

大学生的职业发展过程有很强的自主性，职位的成长关键取决于自己，取决于个人不断增长的需求和自身的素质之间的内部矛盾，这也是促进大学生职业发展的最根本的驱动力。个性、兴趣、能力、价值观等都在不同程度上影响着大学生的职业发展。个性决定了一个人适合什么，是职业发展的前提；兴趣决定一个人喜欢什么，是他未来生活幸福的源泉；能力决定了个体能胜任什么，是职业发展的保证；价值观决定了一个人在生活中追求什么，是事业发展的内在动力。

此外，影响职业发展的个体因素并不是相互独立的，它们不仅会单一地从不同的方面影响大学生的职业发展，同时，各个因素之间的矛盾关系也会影响大学生的成长过程。客观对待各种性格特质之间的矛盾关系，扬长避短，趋利避害，寻找个性特质与职业发展的最佳结合点，对大学生职业发展具有重要的积极意义；否则，会阻碍或延误发展。

大学生的自我认知水平也与大学生的个体成长密切相关，直接影响大学生未来的职业选择和发展。自我意识的觉醒时间和程度会影响大学生的职业发展。部分自我意识觉醒较早的学生更注重自身的社会属性，能够厘清自身与职业的关系，逐渐形成相对理性、成熟、稳定的价值观，有效地促进自身的发展。掌握自我认知方法是影响职业发展的另一个因素。一些大学生由于认知方法不当，认知结果单一、片面，形成对未来职业发展的不当看法，给职业发展带来负面影响，制约自身的成长。

（二）工作成就因素

工作成就是个体在工作中取得的成就。工作成就能使个人从工作中获得快乐和满足，从成功中获得自我价值。那些在日常工作中勤勤恳恳、善于思考、善于创造价值、愿意为企业做更多的事情的人，会有更多的工作乐趣，会赢得更好的工作绩效和更多的发展机会。

成就感是取得成就或成功后的一种自豪感。在很大程度上，人们的精神动力需要一种成就感来维持。在追求一项事业时，成就感取决于一个人对目前工作的热爱程度。在工作中取得的成就会给人带来活力和激情；僵化、机械的职位和不充实的工作往往扼杀了优秀人才的动力。

（三）家庭因素

家庭是一个人出生后第一个长期、相对稳定的生活环境。因此，家庭因素是影响大学生职业发展的重要因素。家庭的支持让大学毕业生感受到被理解、关爱和尊重，能够有效地对抗工作中的负面情绪，从而对工作形成积极的情绪和认知。家庭成员通过日常的沟通交流能够及时了解大学生的思想动态，能够站在大学生的角度来思考问题，为大学生提供亲切的关怀和精神鼓励。当遇到工作上的困难时，大学生会向家人诉说，家庭成员也最了解大学生的性格特点、兴趣爱好、个人特长等情况，能够尽最大努力为大学生提供有效的求职信息及工作岗位。家庭经济状况、家庭成员的文化素质、教育方式和社会关系等因素都会对大学生的成长产生不同程度的影响。

我们将这些影响归纳为两个方面：显性的物质影响和隐性的内在影响。

第一，占主导地位的影响因素主要包括家庭经济状况、家庭的地理区域，以及对大学生的职业发展产生影响的物质条件的总和，这些在未来会对大学生的生活方式、思维方式及其对职业的认知和期望产生更大的影响。例如，一些来自经济环境较好的家庭的学生会更早地接触到社会上一些新的职业发展态势和技能（如计算机、网络、新媒体等），从而在职业成长过程中有着良好的基础优势。再如一些家庭经济环境相对困难的学生，会更早地意识到职业生涯对自身成长的重要价值，在自我觉醒和职业发展过程中具有更高的自觉性和主动性，从而表现出良好的后发优势。

第二，隐性的内在影响主要包括文化素质、价值取向、家庭成员的相处方式、教养方式等所有精神因素的总和，这些因素对大学生的职业价值取向具有重要的引导作用。这里所说的教养方式是指父母在养育教育子女的过程中表现出的相对稳定的行为方式，是父母各种教养行为的总和。一般来说，民主家庭的教养方式会使大学生在早期就建立起自我意识和职业意识，激发他们在成长过程中的自觉性和主动性，进而增强职业发展的动力，对大学生职业发展起到积极的促进作用。一些"家长式"家庭教养方式会使大学生在一定程度上缺乏自我意识，或者过于叛逆，或者过于依赖，在一定程度上制约了大学生的职业发展。

（四）自我效能感因素

自我效能感是指个体对自己是否有能力完成某一行为所进行的推测与判断，也就是说对自身而言，在执行某一任务之前对自己成功地完成特定工作任务的能力信念，以及对自己能够在何种水平上完成该任务的判断。

自我效能感直接影响个体在执行工作中的表现，影响个体自我调节体系的发挥。自我效能感高的人会以积极的工作态度和行动面对工作中的各种挑战，更愿意克服困难和挫折。自我效能感低的人在面对困难时会表现出消极的态度和情绪，行为上缺乏主动性。

自我效能感越高，工作投入程度越高。高度的自我效能感促使员工将大量的精力和时间投入工作中，他们对工作有较高的满意度，极少出现不适应职业的情况。自我效能感高的员工更愿意努力克服工作上的困难，他们会坚持钻研业务，并在本专业领域上坚持较长的时间，从而有更多的机会取得工作上的成就。

当自我效能感达到足够的强度时，可以调动人的内在动力，使人愿意为取得成功而付出艰苦的努力，促进个人专业能力的积累和发展。自我效能感高的人会有目的、有意识地不断认识和了解自己及外部环境，为自己确定合适的职业目标，主动寻找多种可用于完成任务的资源支持，挖掘并丰富可利用的资源。良好的自我效能感有利于个体的职业生涯规划。自我效能感高的人会对自己的职业生涯发展更有信心。在选择职业时，他们信心百倍，并有积极的职业规划，更容易做出正确的职业决策，自己在职业生涯过程中取得成功。

（五）社会因素

大学生群体作为社会的重要组成部分，他们的职业发展过程与社会的发展变化密切相关。

1. 社会经济发展的影响

社会经济发展的总体水平对大学生职业发展具有方向性影响。近年来，随着我国经济的快速增长和产业结构的不断升级，各地区对大学生的需求，特别是对高素质人才的需求日益增加，为大学生就业创造了广阔的空间。与此同时，随着全球经济一体化程度的不断加深，中国正面临着由"中国制造"向"中国创造"的转型，这也给了大学生更多的空间和更广泛的职业选择。

2. 国家就业政策导向的影响

国家就业政策的导向直接影响着大学生职业目标的确立。不断完善的就业政策为大学生成功完成从学生角色向职业角色的转变创造了良好的政策环境。与我国之前的就业政策和环境相比，当前，大学生就业不再受户籍、人员指数和各种管理条约限制，这些为大学生自主就业或创业及人才在全国的自由流通提供了更好的条件。同时，为了缓解当前城市和农村人才不平衡的压力，实现经济、健康、协调和可持续发展，国家制定了"选调生""三帮""大学生志愿服务西部计划"和其他就业政策，加大对经济欠发达地区的金融支持和技术援助，也为大学生的职业发展提供了重要的政策支持和依据。

四、职业发展的途径

为了确保个人职业发展顺利，实现自我职业成长，大学毕业生应注意保持对目标的不懈追求、对工作的积极投入，并不断提升自我职业素养。

（一）明确目标，不懈追求

目标给人指明了前进的方向，不停地鞭策着、激励着人们，使人获得精神鼓舞；目标是每个人坚持努力的动力源泉，促使并引导着自己坚持下去；目标给人美好的愿景，激发出高度的工作激情和生活热情。

在追求目标的过程中，难免会遭遇一些挫折和困难，要有不怕困难的精神，勇于面对挫折，敢于接受挑战；要做好充分的思想准备，从精神上到行动上都要斗志昂扬，坚持到底。

明确目标后，还要坚持不懈，只有坚持不懈，才能取得最终的胜利。有的人在职业发展的道路上被荆棘和坎坷阻挡，被迫放弃而前功尽弃；而有的人知难而进，选择坚持，经过辛苦的付出，收获累累硕果。

（二）积极投入，拒绝倦怠

工作投入是指对工作的心理认同和工作绩效作为个人价值观的反映。个人与工作的匹配越好，个人就越能顺利胜任工作，对工作的投入也就越高。当工作投入较高时，个体会将自己的能量投入工作中，并在工作中表现自己。反之，当工作投入较低时，个体会从工作角色中抽身出来，并可能产生离职的意愿。工作投入主要可以分为高活跃程度、高度奉献和精力集中三个方面。

1. 高活跃程度

高活跃程度是指个体在工作时具有高水平的能量，工作状态良好，精力充沛，当出现困难时能够积极应对，保证将工作任务按时完成。

2. 高度奉献

高度奉献是一种对工作的高度投入状态，个体具有特定的认知和信念，具有强烈的工作意义的体验、自豪感和饱满的工作热情，经常伴随有灵感的迸发。

3. 精力集中

精力集中表现为个体将所有的精力和注意力都集中在自己的工作上，并以此为乐，完全投入工作中的一种状态；总感觉时间过得很快，而不愿从自己的工作中脱离开来，达到废寝忘食的程度。

工作投入能够促进员工个体绩效的提高，它使员工意识到对工作的强烈责任感和承诺意愿，促使员工加倍努力工作，创造更多的绩效。

（三）努力提升自身职业素养

一个人是否有能力，不是看他的学历有多高或者他掌握了多少知识，而是看他在从事某项职业活动时所表现出的成就。如今，许多企业都把职业素养作为评价员工的一个重要指标。现代职场中的竞争，归根到底是个人职业素养的竞争，职业素养已经成为个人的核心竞争力。

只有具有良好职业素养的大学毕业生，才能在工作岗位上很好地发挥潜能，不断进取；才能有长远的眼光，做到顾全大局，在追逐个人价值的过程中也重视对社会价值的追求，进而在职场中找到属于自己的一片天地，更好地服务社会，实现自我价值，赢得最后的胜利。

五、旅游行业前景分析

可以说，旅游业永远是一个朝阳产业。只要人们对外界美好事物的好奇心和追求不消失，旅游业就永远不会停止发展。随着经济和技术的发展，旅游业有一个更光明的未来。与其他一些行业相比，它有以下优势：

（一）市场存在着巨大的潜在需求

人们总是充满着某种渴望，渴望更多地了解外面的世界，甚至包括浩瀚的宇宙。随着经济的发展和社会的进步，人们旅游的欲望和需求越来越强烈。当今社会，无论是技术、信息还是服务，都为这种需求提供了可能性。

首先，个人收入水平和社会劳动生产率的提高，使人们在物质基础和时间上更加充裕，需求水平不断提高。人们对生活、享受和休闲的需求已成为旅游需求的客观依据。在后工业社会，人类在寻找一种回归自然的生活方式。面对各种丰富多彩的旅游信息，走进大自然，旅游已经成为人们很好的选择。特别是随着世界经济全球化的趋势，人们相互交流和了解的愿望越来越强烈。可以预见，随着全球经济一体化的发展，人们对旅游的潜在需求将越来越大，旅游市场也将越来越大。

其次，旅游业的经济基础不断加强。一方面，用于旅游资源开发和投资的资金越来越丰富。景区可以很好地建设、维护和改善，建设更好的配套设施，如酒店、餐厅、交通路线等，配备现代化的交通工具和安全设施，使旅游硬件越来越完善。此外，高度发达的信息技术使各种旅游相关的信息很容易传播。消费者可以借助快速透明的市场信息做出决策，这极大地促进了他们旅游愿望的实现。

（二）旅游资源存在一定的垄断性

在旅游业为消费者提供的产品中，旅游资源是关键。优美的自然风光、深厚的人文环境、悠久的社会历史遗迹是激发人们旅游意识的源头。这些自然、人文和人工景观都有自己的独特性，不能重复。他们不能从一个地方迁移到另一个地方。世界上不可能有第二个长城和故宫博物院，也不可能有第二个胡夫金字塔，每个旅游景点都有自己独特的旅游主题。人们一提起景点，就会对景点产生直观的印象，形成价值判断。因此，如果我们把旅游景点作为一种产品，我们可以得出旅游景点是无可替代的结论。这就是旅游资源的垄断，这种垄断会使旅游更加丰富多彩，更加独特，满足人们多样化的需求。

（三）旅游业是一个劳动密集型产业，产业成本相对较低

和高科技产业相比，旅游业对从业人员的科技素质要求相对较低。然而，

这并不是说旅游业不需要高学历人才和高级管理人才，而是说旅游业员工呈现金字塔结构，少数管理人员在塔顶，大量的普通服务人员成为塔基。一些发达国家的实践表明，旅游业的就业平均成本比其他行业低 36.3%。旅游业直接就业每增加 5 人以上，间接就业就增加 5 人以上。景观和人是旅游的基本生产要素。从这个角度来看，旅游业在任何社会都有强大的生存基础。

第四节　旅游类专业的职业素养

对于每个大学生而言，就业是每个人从学校步入社会的第一道门槛，而且是必经之路。有些大学毕业生能够很顺利地找到自己心仪的工作，而有些大学毕业生找工作时却屡屡碰壁、举步维艰，导致这些大学毕业生难以顺利就业的主要原因就是其职业素养不高。现代企业和用人单位普遍把求职人员的综合素养作为选拔人才的第一标准，具备良好的职业素养，就具备了入职的敲门砖。因此，大学毕业生能否顺利找到工作并取得成就，在很大程度上取决于他们的职业素养。职业素养越高，成功的机会就越大。

一、职业素养的内涵

职业素养是专业能力概念的提升，具有相同专业能力的两个人常常会提供不同的产品和服务。这些由细节决定的品质差异，正是由他们的职业素养水平不同造成的。市场经济条件下，就业竞争归根结底是职业素养的竞争。为了更好地实现就业，大学生从入学第一天起就应该努力增强自己的就业能力，想方设法提高自身的职业素养。大学生不仅要了解用人单位的选材标准，还要全面把握职业素养的内涵，为求职就业做好充分的准备。

（一）职业素养的内涵

职业素养是指与职业直接相关的基本能力和综合素质，如专业知识、专业技能、专业能力等。职业素养本质上是一系列个人素质的集合，是通过对工作场所的呈现和工作任务的完成而获得的。职业素养有以下九个方面：

1. 思想道德素质

近年来，用人单位越来越重视大学生的思想道德素质。思想是行动的先导，道德是人生的基础。很难想象一个思想道德素质差的人在工作中能够赢得别人的充分信任和良好合作。毕竟，人是社会性的。因此，用人单位在选拔和招聘毕业生时，会非常关注其思想道德素质。虽然这种素质很难准确衡量，但是人的思想道德素质会在其言行中体现出来，这也是招聘中会有"面试"这一环节的原因之一。

2. 事业心和责任意识

事业心是指对事业保持奋斗精神和热爱，希望得到良好结果的积极心理状态。有事业心的人眼光远大，心胸开阔，能克服常人无法克服的困难。责任意识就是把个人利益同国家和社会的发展紧密联系起来，树立起强烈的历史使命感和社会责任感。具有事业心和责任意识的大学生可以与单位同甘共苦，充分发挥自己的知识和能力，为单位创造效益。

3. 职业道德

职业道德体现在每一个具体的职业中，每一个职业都有道德规范。这些道德规范形成于人们对职业活动的客观要求。从业人员必须对社会承担必要的责任，遵守职业道德，忠于职守，勤勉尽责。具体来说，要热爱自己的工作，尽职尽责，注重职业声誉，刻苦钻研自己的业务，在工作中精益求精，乐于奉献。不计较个人得失，全心全意为人民服务，勤奋开拓，求实创新等，都是新时代对大学生职业道德的要求。缺乏职业道德的大学生不太可能全身心投入工作，更不可能有所作为；相反，具有崇高职业道德和不断努力的大学毕业生，会在任何行业做出贡献，服务社会，体现个人价值。

4. 专业基础

随着科学技术的快速发展和社会化生产的不断扩大，人们的专业化趋势越来越明显，只有"专用和通用"的人才能在求职的过程中胜出。大学毕业生应具有深厚而扎实的基础知识和广泛的专业知识。只有有了深厚扎实的基础知识，才能有不断学习和发展的基础和动力。专业知识是知识结构的核心部分。大学生应在专业知识和技术上精益求精，对本学科的历史、现状和发展趋势有深入系统的了解，并善于将本专业与其他相关领域知识紧密联系起来。

5. 学习能力

大学生只有善于吸收新知识、新经验，具备较强的学习能力，在各方面不断提高自己，才能跟上时代的步伐。研究表明，大学毕业生在学校只会获得工作所需的部分知识，其余的将在毕业后通过进一步的学习获得。

6. 人际交往能力

人际交往能力是指与他人相处的能力。由于社会分工的日益细化及个人能力的局限性，单靠个人的力量完成工作任务变得越来越困难，合作与沟通变得至关重要。大学毕业生应积极参与人际交往，诚实守信，以诚待人，努力培养团队精神，从而逐步提高自己的人际交往能力。

7. 吃苦耐劳精神

有的大学生的弱点是怕吃苦，缺乏实事求是和吃苦耐劳的精神。作为当代大学生，我们应该从平常的一点一滴做起，从小事做起，努力培养勤奋和吃苦耐劳的精神。

8. 创新精神

现代社会日新月异，我们不能墨守成规，市场经济条件下，各行各业参与激烈的市场竞争，用人单位迫切需要大学生用创新精神和专业知识来帮助他们更新技术，加强企业管理，使产品不断升级换代和发展，带来新的活力。信息网络的全球架构从根本上改变了人类生活的秩序和结构。人才，尤其是信息时代的人才，更需要创新精神。

9. 身心素质

在现代社会，生活节奏快，工作压力大，没有健康的身体是很难适应的。雇主希望员工身心健康，这样员工就可以为公司做更多贡献，他们不希望看到员工经常请病假。生病的员工不仅会耽误自己的工作，还可能影响到其他同事甚至整个部门或单位的工作。

心理素质是一个人事业成功的关键。它是指良好的自我意识、适度的情绪控制、和谐的人际关系和承受挫折的能力。具有良好心理素质的人能够以旺盛的精力和积极乐观的态度处理各种关系，积极适应环境的变化。心理素质差的人面对困难与挫折往往处于痛苦之中，不能很好地适应环境，最终影响工作。大学生走出校园后，会遇到更复杂的人际关系和更大的工作压力，这就要求大学毕业生锻炼心理素质以更好地适应社会。

(二) 职业素养的特点

万事万物皆具有自身的发展规律和特点，职业素养同样如此。总体来说，职业素养具有下列主要特点：

1. 养成性

职业素养作为与职业世界相关的人格特质的集合，是后天培养的结果。与专业知识相比，职业素养不能仅仅通过教学来培养。它是有条件地通过模仿、反馈和深思熟虑等与专业环境的互动而获得的，具有明显的养成性。

2. 职业性

对职业素养的要求会因职业的不同而有所不同，也就是说职业素养具有明显的职业性。例如，对医生和护士的素质要求不同，对商务服务人员与教师的素质要求也不同。

3. 稳定性

一个人的职业素养是在长期的实践中形成的。一旦形成，就会产生相对稳定性。例如，经过三五年的工作，医生逐渐积累了一系列的专业经验，如：如何看病，如何开药，如何治疗病人。这样的专业素质相对稳定。

4. 内在性

职业实践者在长期的职业活动中，通过自己的学习、理解和体验，了解什么是对，什么是错。这样，自觉内化、积累和升华的心理素质就是职业素养的内在性。我们经常说，"把某任务留给某某人，就不要担心。"人们之所以放心，是因为他的内在品质和能力是值得大家信赖的。

5. 发展性

一个人的素质是通过教育、社会实践和社会影响逐渐形成的，具有相对性和稳定性。然而，随着社会发展对人的不断要求，为了更好地适应、满足和促进社会发展的需要，总是要不断提高自己的素质，所以职业素质是不断发展的，具有发展性。

（三）职业素养的作用

职业素养是大学生提高自身就业能力的保证，也是用人单位选拔、选用人才的第一标准和社会主义市场经济发展的需要。总之，职业素养是职场制胜、事业成功的第一法宝。

1. 有效提高就业能力

对于即将毕业的大学生而言，选择一份适合自己的工作面临诸多挑战，做好一份工作也绝非易事。有些大学生找到了自己心仪的工作，但是未必能很好地胜任。当今社会分工愈加专业化、精细化，竞争也越来越激烈，职业对从业者的要求也越来越高。大学生就业的竞争说到底就是就业能力的竞争，就业能力的核心就是职业素养。因此不难发现，只有有效提高大学生的职业素养，才能保证大学生的就业能力和职场竞争力的提升。

2. 企业选拔人才首要标准

职业素养是选拔人才的第一标准。用人单位选用一个人或者提拔一个人，是因为他的职业素养能够胜任某项工作，或者说他的职业素养是提拔对象当中最出类拔萃的。

3. 社会经济发展的需要

社会经济发展对人才职业素养的需要主要体现在两个方面：一方面，社会经济的发展依靠具备较高职业素养的人才来推动。科技文化和社会生产力是推动社会经济发展的根本动力，而人才又是科技文化和社会生产力的继承者、创新者和实施者。21 世纪的竞争归根结底是人才的竞争，一个企业只有拥有很多高职业素养的人才，才能在激烈的市场经济竞争环境中生存、发展。另一方面，遵守职业道德是发展社会主义市场经济的内在要求。在社会主义市场经济条件下，企业是市场经济的主体，企业追求的是经济利益的最大化。如果各行各业及其从业人员无视市场规则，一心只顾经济利益，不讲职业道德和职业良心，势必会出现不讲诚信、尔虞我诈等职业道德问题，必然会导致假冒伪劣产品充斥市场、行业不正之风盛行，市场经济秩序必然会失控。因此，我国在大力发展社会主义市场经济过程中，越来越注重提高从业人员的职业道德等职业素养，这不仅是企业自身发展的需要，同时也是社会主义市场经济发展的需要。

二、旅游业从业人员职业素养

旅游业从业人员职业素养是由旅游业从业人员的职业道德体系来衡量的，是人们从事旅游业的必要条件。旅游业从业人员只有具备旅游业要求的专业素质，才能在旅游业中立足。旅游业从业人员素养主要包括深厚的旅游专业知识和良好的职业道德、较强的语言表达能力、外语沟通能力、沟通协调能力和适应能力、团队合作能力。

三、提升旅游专业学生职业素养的具体策略

（一）完善课程设置体系

课程设置应适应旅游人才市场的需要。为了培养学生适应旅游人才市场的需求，并在毕业后成功就业，课程设置应着眼于社会需求。同时，课程还应该注意学生的个体需求，根据学生的不同性格特征，注意必要的个性发展和兴趣爱好的培养，使学生可以在感兴趣的领域学习，便于尽快融入旅游业。要根据旅游管理专业的特点设置课程，定期开展旅游专业的模拟课堂培训，提高学生对未来职业的适应能力。

加强和完善课程结构建设和课程体系建设，是实现人才培养目标、提升学生就业竞争力的立足点。建立突出专业知识、专业能力和职业道德的专业素质培训课程标准。在课程设置中，有些课程没有根据旅游行业的任务进行分析和讲授，针对性和可操作性差。每一门课程都应避免过多追求理论体系的完整性，课程设置应达到教学理论为工作实践服务的目的，同时，可以多设置实践活动，以及学生的实践技能训练。学校可以开设人文素质课程，拓宽学生的文化视野，同时也可以不断完善学生的知识结构，为学生日后的工

作打下坚实的理论基础。

（二）加强深层次的校企合作

只有加强高校与旅游企业的合作，才能培养出更多的高素质、技能型人才，促进校企合作可持续发展，实现资源共享，互利共赢。学生可以定期派往旅游企业进行实地实习，了解旅游类工作的具体内容，积累一定的工作经验，可以达到培养学生专业素质的目标。在实习期间，学生可以学习到员工优秀的旅游管理经验，形成学校与企业之间良好的人才培养模式。对于企业来说，他们可以找到适合自己需要的人才。对于学生来说，在提高他们的专业素质的同时，也可以提高他们在就业市场上的竞争力。大力推进校企合作，实现产学研结合。加强校企深度合作的具体措施如下：

1. 建立校企合作管理机制

首先，建立校企合作组织保障。经学校与企业协商，由学校、旅游企业和政府派出人员共同负责校企合作的监督和评估。其次，建立校企合作的制度保障。为有效保证校企合作的顺利开展，应建立相应的奖励制度。这个奖励系统应该与员工的职称评价和绩效工资挂钩，这样学校和企业双方可以更加关注这项工作，这样，校企合作可以更深入、更持久。

2. 建立校内实践基地

学校可以设置导学模拟实训室，让学生实践导学讲解的全过程和导学带领小组。还可以建立旅行社运营模拟实训室，让学生在实训室模拟旅游咨询与接待服务，策划调整岗位培训，旅游营销计划策划会议。建立校内实践基地，让学生进行模拟实训，及时将所学的旅游专业知识运用到实践中，弥补知识与实践脱节的现象。

3. 建立校外实习基地

校外实习基地可以充分利用社会资源，弥补校内实践基地的不足。通过校外实习基地可以降低教学成本，丰富教学内容，开阔学生的视野，增强学生的实践能力。旅游类院校应建立校外培训基地，加强与旅游行业企事业单位的合作。

（三）构建科学合理的职业素质考核评价体系

建立一个科学、系统的评价机制可以客观地评价学生的整体专业素质，提高学校的监督管理，提高学生的专业素质有利于激励学生不断挖掘自己的内部潜力，不断认识自己，提高自己。

评价旅游管理专业学生的专业素质需要建立全方位、多角度、多渠道的评价机制。首先，评价主体可以多元化。旅游人才的素质评价并不是单纯由教育行政部门的考核来决定的。可以邀请旅游专业人士或雇主参加评估，也可以尝试学生之间的相互评估。采用多元评价主体可以保证评价的客观性和有效性。其次，评价的内容可以丰富多样。除了旅游专业的理论知识外，还可以增加对旅游专业业务能力的评价。例如，旅游管理专业的学生作为旅游从业人员，可以增加职业道德、专业能力等素质作为考核内容，使考核更加全面、具体。其次，评价方法可以多样化。评价不是仅仅依赖一张试卷作为最后的评价结果，网络多媒体测试可以试图建立一个双重评价方法的知识和技能，考核标准的形式也可以结合书面考试成绩与日常的专业能力的非书面测试。职业质量评估和评价体系应注意科学和实用，关注内部评价和外部评价、单一评价和综合评价的结合，从而达到全面改善旅游管理专业学生的职业素质的目的。

（四）成立旅游管理专业教学指导委员会

1. 学校可建立旅游管理专业教学指导委员会

旅游管理专业教学指导委员会成员由学校领导、专业教师、旅游行业专家和经验丰富的旅游工作人员组成。该委员会负责为旅游管理专业学生的职业素质教育提供方法和指导。委员会每学期举办两次专业研讨会，就旅游管理专业的培养目标、课程设计、教学建设和学生职业素质教育等方面提供方法和建议。教学指导委员会按照专业要求管理和协助学生完成实习工作，帮助学生合理定位职业发展规划，使学生有序完成实习工作。学校也可以通过职业指导委员会，邀请专家、选择优秀旅游从业人员和技术人员到学校兼任旅游专业的实践课程指导老师，全面评估学生的职业能力，并为学生提供校外工作实践项目。从瑞士的酒店协会可以看出，旅游协会在国外旅游教育中发挥着重要的作用。另外，还可以尝试让行业协会与旅游企业、教育机构合作，共同促进旅游教育协调发展。

2. 学校可建立职业素质培训机构

职业素质培训机构应提供社交礼仪、心理调适、沟通、团队合作等方面的培训，将职业素质培养与学生实践有机地结合起来，解决学校教育供给与旅游企业需求之间的矛盾。建立政府、企业、教育研究机构的合作体系，共同促进旅游职业素质教育的可持续发展。为提升旅游管理的专业水平，可以精心设置培训项目，整合教育资源，建立可以有效提高学生的实践能力水平的互利合作体系。

（五）建设高质量的师资队伍

教师的水平直接影响学生的专业水平。教师在培养高技能应用性旅游人才中起着非常重要的作用。旅游业是一个应用性很强的专业。一方面，要求教师具备扎实的旅游理论基础；另一方面，要求教师具有丰富的旅游行业和旅游企业管理经验，特别是熟练的实际操作能力。例如，教师必须熟悉旅行社集团的工作流程、宴会的接待、与旅游景点工作人员的沟通和协调。在瑞士洛桑酒店管理学院，教师必须接受严格的选拔，大部分教师都有丰富的工作经验，该学院制定了各种有效的奖励制度，鼓励教师提高专业素养。这对我们提高旅游管理专业学生的专业素质有一定的启示作用。

要努力建设以能力为本的高质量的师资队伍，形成教育合力，从根本上提高教师专业水平。一方面，教师可以定期参加旅游岗位的专业培训。学校可以采取"引进来，走出去"的策略，邀请优秀旅游人才进入学校，形成专业人才融入教学活动的长效机制。这样做可以向教师传授旅游实践工作中的经验，全面完善教师的知识结构体系，提升教师岗位操作技能。学校应努力建设一支实践能力强、理论知识扎实的高素质教师队伍，实现旅游管理专业的可持续发展。另一方面，教师要树立现代教育教学观念，更新教学内容和教学方法，让学生成为主动接受信息的学习者，把教学过程看作是教师和学生之间的双向交流活动。教师的教学内容要注重理论与实践的结合，除了理论知识的讲解，教师还应该把能力培养放在首位。教师可以在教学内容中引入景区规划和旅游项目设计，不仅可以丰富教学内容，还可以增强课堂的吸引力。教师的教学方式可以灵活多样，改变传统的以讲授知识为中心的教学方式，打破教师、课堂、教材的限制，让学生成为课堂的主人。在课堂上，充分尊重学生的主导地位。可以采用小组学习模式、情景教学法、案例分析法进行教学，营造浓厚的职业素质教育氛围。高素质教师的建设不仅要求教师具备专业知识和技能，还要求教师具备团队合作能力、组织领导能力、模拟实训课堂能力、提高学生职业技能的能力等。旅游管理专业的教学人员具有很强的专业性，要求有旅游行业的工作经验。

（六）开展旅游职业素养拓展计划

首先，借助知识平台，拓展学生职业知识的深度和广度，为提高职业素养提供知识保障。旅游行为的综合性要求决定了旅游从业人员必须具备足够的旅游专业知识、较高的文化素养、广泛的文化基础知识、宽广的视野。因此，实施学生人文素质发展规划具有重要意义。学校可定期举办旅游专业知识论坛，开展旅游知识技能考试、岗位模拟培训，并在具体实践技能考核中了解学生对旅游专业知识的掌握情况。此外，还可以邀请旅游行业的专家和经验丰富的工作人员，向学生介绍最新的旅游管理理念、行业信息和趋势，使学生能够与时俱进，及时了解和掌握旅游行业的新趋势。浓厚的学术氛围有利于学生的专业成长，通过知识论坛、学术论坛等活动，为学生提供良好的学术条件和环境。通过知识论坛活动，学生可以加深对旅游专业知识的了解，掌握旅游行业的发展趋势，拓宽专业视野，加深对职业知识的理解。通过参加职业论坛，学生可以更明确地定义自己的职业发展目标，避免就业时盲目选择的现象，更好地实现与企业的良好联系。

其次，借助社区平台，为学生职业能力的提升和发展、职业素养的提高提供保障。在参与社区活动的过程中，学生可以通过实践提高组织管理能力和适应能力，培养自我管理能力、团队合作能力和职业规划能力。通过参加社团活动，学生可以从多个角度全面了解旅游业，开阔眼界。社区可以在协会的支持下，举办学术沙龙、旅游研讨会、旅游知识辩论赛等活动，也可举办旅游专业知识技能竞赛，例如导游服务技能大赛、导游带领团队技能实景实训活动、旅游英语口语大赛、旅游景点知识技能大赛等。专业知识技能大赛可邀请旅游企业担任评委和颁奖嘉宾，既展现了学生的专业素质，又拓宽了学生的就业渠道，为学生未来就业创造机会。学生还可以作为模拟游客，对模拟旅游从业者的学生进行实时评论，充分体验旅游从业者的真实工作环境，为学生快速适应工作打下坚实的基础。良好的社会交往能力是学生实现职业目标、促进职业发展的关键。学生可以参加社区活动，扩大社交圈，积极与校友或学校保持密切联系，了解行业最新动态，学习如何与人打交道。社团活动以提高学生的专业素质为目的，使学生在参与活动的过程中，潜移默化地提高自己的专业素质和综合素质。

最后，加强人文教育，将职业道德内化为职业习惯。想要提高学生的人文素质，一是要从知识结构入手，让学生学习中华民族的优秀传统文化。内在的熏陶有助于学生树立正确的就业观、人生观和价值观。只有学生的个人素质提高了，职业道德才会自然提高。二是培养良好的职业道德习惯。只有把职业道德作为一种职业习惯来遵守，才更有利于旅游业的健康有序发展。旅游从业人员的专业素质直接代表着旅游行业的形象。旅游从业人员只有具备良好的职业道德，才能维护旅游行业的声誉，使旅游行业更健康、更持续地发展。旅游专业的学生要认真遵守专业纪律，认真履行岗位职责。严格的组织纪律是旅游工作的基本保证，只有把职业道德作为职业纪律，才能做好以游客为中心的旅游工作。

第六章　职业生涯规划与拓展

第一节　职业生涯规划与方案设计

一、大学生职业生涯规划综述

（一）大学生职业生涯规划的定义

职业生涯规划，又叫职业生涯设计，是指个人结合自身情况、眼前机遇和制约因素，为自己确立职业目标，选择职业发展路径，确定学习计划，为实现职业生涯目标而预先设计的系统安排。从职业生涯规划的概念可以看出，职业生涯规划具有个人主导性的特点，即职业目标的实现需要个人以负责任的态度，积极、主动地开展职业发展方面的实践。

由此可见，职业生涯规划的目的不仅是帮助个人按照自己的资历找到一份合适的工作，达到自己的个人目标，更重要的是帮助个人真正了解自己，为自己定下职业发展方向，帮助个人更好地筹划未来，根据主客观条件确定个人最佳的职业奋斗目标，并为这一目标设计出合理可行、行之有效的安排。

大学生职业生涯规划，是大学生在大学期间通过学习知识、转变观念等方式来改善当前自身状况，发展与今后职业生涯目标相适应的潜在职业能力的过程。这个过程是以大学生自身为开发对象，重点是为获得和改进个人与工作有关的知识、技能、动机、态度、行为等因素，以利于提高学生今后的职业竞争力，最终实现其职业生涯目标。其主要目的是结合自身状况，制定今后职业发展目标，设计出合理可行的职业发展方向。

大学生职业生涯规划是大学生在进行自我剖析，全面客观地认识主、客观因素与环境的基础上，自我定位，设定自己的职业生涯发展目标，选择实现既定目标的职业，制订相应的教育、培训、工作开发计划，并按照一定的时间安排，采取各种积极的行动去实现职业生涯目标的过程。

（二）大学生职业生涯规划的特点

大学生职业生涯规划，具有以下特点：

1. 连续性

职业生涯规划是一项连续而又系统的工作，职业生涯贯穿人的一生，个体在走上工作岗位之前的所有时光都是为职业做准备的时期，大学生活的专业学习阶段尤其显出其职业预备期的特点。因此，大学生职业生涯规划不应仅仅是大四阶段的工作与任务，而应当贯穿大学四年，分阶段、分任务逐级做好大学生职业生涯规划。

2. 可行性

可行性指的是大学生职业生涯规划要有事实依据，要充分考虑到自身的条件和外在环境的约束，制订切合实际的职业发展计划。这就需要大学生加强自我认知能力，对自己进行全面客观的定位，并对外界条件进行仔细分析，选择适合自己并且具备可行性的职业目标，而不能只是个人的美好愿望或不着边际的梦想，否则将会贻误良机。学校可以通过开展形式多样的活动加以启发和引导，采用行之有效的方式，以学生喜闻乐见的形式，如演讲比赛、新老生学习经验交流会、主题班团会、辩论赛等，从大一抓起，发动和组织广大新生探讨如何确立大学目标、如何成才等问题，引导新生通过自我剖析，对自己形成一个客观、全面的认识和定位，为做好职业生涯规划进行相应的准备。

3. 适时性

适时性指大学生职业生涯规划要根据各学期、各阶段的情况特点，合理安排实施。规划是为了确定将来的目标。因此各项主要活动何时实施、何时完成，都必须有时间和时序上的妥善安排，以作为检查行动的依据。学校和指导老师必须依据学生不同的学习阶段进行相对应的职业生涯规划的指导，例如在大三、大四年级引导学生树立终身学习的观念，离开学校后，必须通过各种途径继续学习。与此同时进行职业心理咨询，让学生了解自身的特点，扬长避短，找到适合自己的工作岗位，才有可能成为职业生涯的成功者。

4. 针对性

大学生职业生涯规划必须由自己来主导，并且要有针对性。从马斯洛的需求层次理论中，我们已经认识到发展的动力源泉在于个人自身。而每个大学生的成长环境、个性类型、价值观以及能力爱好等不尽相同，一般来说，兴趣和能力是决定职业适应性即职业成功和工作满意的两个最主要方面，也是职业设计和职业决策过程中所应着重考虑的因素。因此，大学生在为自己设定职业目标，制定职业生涯规划时应客观分析外界环境和自身条件，进行有针对性的个人计划。

5. 前瞻性

大学生今后的职业生涯道路和即将面对的职业世界是非常广阔的，高校教育教学应着眼于学生的充分发展，因此，大学生职业生涯规划具有前瞻性的特点。大学生在自我定位和选择职业生涯发展道路之前，必须知道摆在面前的职业生涯道路的各种可能性，知晓未来的职业世界。只有这样，他们才能在自我认识的基础上做好自我定位，并选择好一条适合自身特点的职业生涯发展道路。

（三）职业生涯规划的主要内容

1. 树立职业理想，确立职业目标

职业理想是指人们对未来职业表现出来的一种强烈的追求和向往，是人们对未来职业生活的规划和设想。职业理想在人们职业生涯设计过程中起着调节和指南作用。职业理想形成后，每个人都会确立明确的职业目标，在职业生涯中职业目标分为短期目标和长期目标，并且在一定时期内有可能对职业目标进行一定的调整。职业生涯设计是根据一定的职业目标进行的，是为了实现这个目标而做的打算和设想。

2. 正确进行自我分析和职业定位

一个有效的职业生涯设计必须是在充分且正确认识自身条件与相关环境的基础上进行的。要全面了解自己，通过科学认知的方法和手段，对自己的兴趣、特长、性格、学识、能力等进行全面认识，了解自己的优势与不足。自我评价要客观、准确，既要看到自己的优点，又要面对自己的缺点，这样才能避免设计中的盲目性。

职业定位就是要为职业目标与自己的能力及主客观条件谋求最佳匹配，即人职匹配。所谓人职匹配，指的是将个人的主观条件（如个性心理、知识、技能、经验等）与打算从事的职业岗位的要求（如个人特征、知识、技能、经验等）相比较，帮助个人寻找与其个人条件较为一致的职业，最终达到人与职业的最佳匹配的过程。良好的职业定位是以自己的兴趣、性格、才能等信息为依据，要选择适合自己特长、符合自己兴趣、经过努力能很快胜任的职业。

3. 依据所学专业及社会需求设计职业生涯

大学生在规划职业生涯时只有把个人志向与国家利益、社会需求和自己所学的专业结合起来，统筹考虑，才能真正实现自己的职业理想，才具有现实可行性。职业生涯规划还要与自己的个人性格、兴趣、能力特长相结合，充分发挥自己的优势，扬长避短。

（四）职业生涯规划三阶段

1. 职业准备期

职业准备期是指学生在选定自己的职业意向后，有意识地积累相应的知识、锻炼相应的能力，做好从业的心理、知识、技能的准备。

2. 职业选择期

职业选择期是指大学生通过人才招聘市场或其他渠道挑选适合自己的职业，由一个潜在的劳动者变为现实劳动者。处于这一时期的学生的心态会比较矛盾与复杂，所以教师和家长对其进行职业指导是很有必要的。

3. 职业适应期

职业适应期是指刚踏上工作岗位，要完成由一个学生到一个职业工作者的转变过程，在心理和人际交往等方面都会面临很大的挑战。

二、大学生职业生涯规划开展的必要性

大学阶段虽然还算不上是职业生涯阶段，但是属于职业生涯准备期。大学生在学校期间为自己的职业生涯做准备的情况，对自身未来的职业发展有着非常重要的影响。职业规划对于大学生实现自己的人生价值，具有特别重要的意义。

（一）帮助大学生树立积极上进的人生目标

积极上进的人生目标为个人职业目标的实现提供原动力，是实现成功人生的基础。每个人的职业发展都是长期而曲折的过程，都会在前进的道路上遇到挫折和失败。缺乏积极上进人生目标的人，在遇到挫折时会意志消沉，丧失重新站起来的力量。树立了积极上进人生目标的人会屡败屡战，越挫越勇，同时他们也会从一时的局限中解脱出来，不断超越自我，去实现更大的成功。

在现实生活中，一些大学生在高中时把升入大学作为人生的奋斗目标，目标实现后则感到非常迷茫。面对新的环境、新的同学、新的学习生活，显得不知所措。这是因为他们不知道自己的人生价值是什么，不知道该以什么样的态度面对大学生活。做好职业生涯规划，能够帮助大学生全面认识自我，

了解社会，找出自己的奋斗方向，形成高尚的人生价值追求，并以积极的人生态度面对生活。

（二）帮助大学生更好地认识自我和实现自我

每个人成功的方式和道路各不相同，但有一点是共同的，那就是最大限度地挖掘了自身潜能，充分发挥了个人特长，达到了自我实现。自我实现理论是人本主义心理学家马斯洛提出来的。马斯洛相信人自身的内在力量，人内在的价值和潜能促进人的发展，人的五种不同层次的需要的满足是人类共性。这五种需要分别是生理的、安全的、社交的、自尊的和自我实现的需要，最高层次的需要是自我实现。

人有自我实现的需求和欲望。马斯洛通过对杰出人物的研究，总结出了真正达到自我实现的人具有的一些共性，其中较为重要的是自我实现者均有出色的自我认知能力，都对自我有理性的判断。对于每个人而言，认识自我就需要进行自我探索。特质因素论创立者帕森斯早在20世纪初期就提出了职业选择的三大任务：正确了解自己、了解外部环境和职业决策。在其中认识自我是第一位的，是职业规划与发展的基础。大学生在大学期间学习并实践职业生涯规划的理念与方法，在自我成长的道路上将更加具有主动性、目的性和计划性，事业成功的概率会更高。

（三）帮助大学生理性选择职业发展道路

大学生只有选择了适合自己的职业发展路径，真正实现了"人职匹配"，才有可能将个人的能力优势充分发挥出来，实现成功的概率才会更大。

在日常生活中，有较多的大学生面临职业选择时存在盲目性。有的大学生盲目选择升学，选择继续深造的目的并不明确，最终在升学的道路上无法坚持下去。有的大学生选择职业时受他人影响较重，工作内容与工作环境与自身的职业理想有较大差距。这些都将对自身的职业发展产生负面影响。

在职业选择时，对自身进行职业生涯规划将使自己的职业选择更加理性。因为职业生涯规划能够帮我们澄清自我需要，了解和掌握职业生涯开发与管理的知识技能，从而可以帮助大学生在遵循自身个性特点、能力优势的基础上结合社会需要，真正选择一条适合自身职业发展的道路。

（四）帮助大学生树立高尚的职业理想

部分大学生过分注重个人利益，将读书学习与功名利禄紧紧联系在一起，读书只为做官或发财，片面追求自身发展而忽略了国家的需要。一些大学生对于国家目前大力倡导的"到西部去，到基层去建功立业"的伟大号召毫无热情。此类行为暴露出部分大学生缺乏应有的社会责任感，只考虑个人利益而忽略国家的利益，这对于个人的职业发展毫无益处。

因此，大学生应该首先考虑国家需要、社会需要这个大前提，利用职业生涯规划的理论知识，将实现自身价值和服从国家需要、社会需要紧密结合，树立高尚的职业理想，这样才有更大的职业发展空间和更多的事业成功的机会。

三、大学生职业生涯规划方案的设计

（一）大学生职业生涯规划方案的重要性

大学教育是学生成长、成才的关键期。一个刚刚迈入大学的学生，如果尽早树立职业目标，经过大学四年的不断努力和学习，在未来的职场中可能成长为一名专业知识扎实的研究人员，也可能成长为一名职业素养突出的职场精英。但如果在大学期间没有长期目标的引领，大学生活就在庸庸碌碌中度过。如果大学生能够尽早地树立职业目标，规划大学生活，成长过程的困惑就会随之减少。在一些国家，职业生涯教育是从幼儿园开始的，大学推行四年职业规划项目，职业生涯规划意识与准备的教育始终贯彻在学习教育过程中，学生能够尽早将职业理想与目标结合，有针对性地提升自身综合素质。实践中，我们不应照搬这种做法，但它也给了我们一定的启发。

职业生涯规划是在科学分析和理性评定的基础上对自身职业前途进行规划的过程。大学生职业生涯规划要考虑三方面内容：一是职业对人的要求，比如职业态度、职业理想、责任等；二是特定职业对人的特殊要求，如职业道德、职业知识等；三是个体特质是否适应职业，如价值观、兴趣、能力、性格等。三个方面之间的有效结合是实现人力资源最大化的关键，也是个体可持续成长的推动力。学校应用型人才的培养目标是以德为首，能力为本，全面发展。大学生的就业竞争力的提升是一个不断发展的过程，科学、合理的职业生涯规划可以帮助学生增进自我了解，扩展职业世界经验，达到顺利就业。

因此，大学生职业生涯规划方案的设计，有助于解决学生缺乏职业规划相关知识、对于职业认识有限、自我认识能力薄弱、缺乏清晰长远目标等问题。

（二）大学生职业生涯规划方案的设计的原则

在进行职业生涯规划方案的设计时，必须遵循以下基本原则：

1. 目标性原则

职业生涯规划方案的设计，目标性原则就是方案设计应依据高校人才培

养目标，学生专业所对应的行业状况、职业要求，以及职业生涯规划教育的总体目标来制定。

随着就业环境的改变，学校的内外部环境也发生了巨大的变化，职业生涯规划方案的设计要处理好短期目标和长远目标的关系，既要满足当前学生就业的迫切需要，又要让学生能够将学业与职业结合起来，自觉地提高就业能力和生涯管理能力。

2. 学生主体原则

教育以育人为本，以学生为主体，职业生涯规划方案设计仍需遵循学生主体原则。满足学生实际需求是职业生涯规划方案设计的出发点。积极引导学生进行自我探索、了解职业环境、制定目标、有效实施、及时反馈调整，是职业生涯规划方案设计的落脚点。

目前，学生渴望学习职业生涯规划，对于职业生涯规划教育有着较高期待，学生在选择学校时更为看重学校的整体就业情况，包括就业率、就业质量、薪酬水平、市场需求和职业发展等情况。满足学生主体原则，既要解决当前学生就业问题，又要站在人生发展的角度上指导学生规划，实现人职匹配。其核心是提升学生能力，激发学生人生理想。

3. 理论与实际相结合的原则

职业生涯规划方案的设计，需要理论与实际相结合。职业生涯规划需要运用自我探索、职业自我探索等心理学、社会学、人力资源管理等相关知识内容。例如，自我探索中他人的评价是了解自我的重要途径，在现实生活中，不少学生就是因为得到家长和老师的不断肯定与赞许而坚定职业选择方向。但现实中学生对职业生涯规划理论知识重视不够，学生自我与职业联系不紧密，使得学生在不得不面对职业选择时往往变得被动和焦虑。

职业生涯规划过程中的重要环节就是目标的设立及行动的有效实施。学生在目标实施过程中，如果没有掌握一定的职业生涯规划理论知识，便无法将理论联系实际，无法指导对未知世界的行动。因此，职业生涯规划方案的设计应遵循理论与实际相结合的原则。

4. 全程性教育原则

职业生涯规划方案的设计应遵循全程性教育的原则。全程性教育原则主要是指职业生涯规划教育的时间安排。调查显示高校三、四年级的学生对于职业生涯规划内容的了解，尤其是对于职业世界的了解，明显高于一、二年级。在美国职业生涯教育是从幼儿园开始的，了解职业信息、进行职业选择及职业定位，在大学阶段，学校仍然提供全过程的职业生涯规划教育。在我国，职业生涯教育处在刚刚起步的阶段，近年来，由于大学生就业难，国家和教育部高度重视职业生涯规划教育，在大学阶段建立全程性职业生涯规划教育，是十分必要的。

全程性的职业生涯规划的教育要求从大一到大四不间断地进行职业生涯规划教育，在开展职业生涯规划教育时，要求各个阶段、不同层次具有内在联系或逻辑关系，这样把学业与职业生涯更好地结合起来，循序渐进、相互衔接，贯穿于整个大学整个教育过程。

5. 动态调整的原则

职业生涯规划方案的设计应遵循动态调整的原则。职业生涯规划具有动态性和发展性的特点，学生在学校职业生涯规划的每一个步骤都与前后步骤紧密相关，共同作用于未来职业发展。

职业生涯规划是一个逐步探索、逐步积累、逐渐清晰的过程，在这个过程中，个体不断认识自我，加强与职业的联系。职业生涯规划以职业环境为特定背景，学生需要动态把握职业生涯规划的发展变化情况，不断调整计划与行动方式，这样才能进行有规律、科学的职业生涯规划。

（三）大学生职业生涯规划方案设计的具体要求

1. 建立全程性的职业生涯规划课程体系

2007年，教育部颁布了《大学生职业发展与就业指导课程教学要求》，从此，职业生涯规划课程体系和就业指导作为独立课程进入高校教育教学管理体系。对于进一步提升高校就业指导服务水平，提高广大毕业生的就业能力，具有十分重要的现实意义。

职业生涯规划是一个动态、发展的过程，在制定全程性的职业生涯规划课程体系中，根据职业生涯发展规律，遵循高校人才培养方案及人才成长的内在规律，将职业生涯规划课程体系设置成分年级、有侧重、分阶段的内容体系：

一年级主要为培养职业生涯规划意识，加深学生对于自我的认识，明确专业培养目标，了解本专业的就业方向，增强学生专业学习的主动意识。

二年级侧重分析学生就业主要区域相关政策及经济形势，注重普遍辅导与专业特色教育相结合，分析本专业面向的行业与职业群，分析职业未来发展走势与职业生涯的关系。同时，学生进一步对自我进行探索，使用职业测评工具进行专业分析，根据自身的性格、能力、兴趣和价值观进一步修订自己的职业生涯规划方案。

三年级侧重分析自身所处的优势与劣势，指导学生根据职业目标，找到差距，提升职业素养。

四年级学生侧重分析当前就业环境，树立正确人生观，明确职业选择目标，参加各种招聘会，检验大学学习的成果，正确做出职业选择，满足家庭、社会需求。全程性的职业生涯规划课程体系的构建，将职业生涯规划教育贯穿大学学习的始终，不断促进学生知识转化能力的提高，满足教育的社会需求性。

2. 引进科学职业测评工具

职业生涯规划的步骤为了解自我、了解环境、职业选择、有效行动和及时反馈。因此，职业生涯规划的第一步就是自我评估，它对于学生的职业生涯规划具有十分重要的意义。

职业生涯规划中的自我评估主要是指对个人性格、兴趣、能力和价值观的认识与探索。大学生目前对外在自我评估具有较清晰的认识，对社会自我有一定的认识，而对心理自我的认识最弱，但是每个职业对心理自我都有具体要求，比如会计行业要求心思缜密，教师行业要求耐心细致，销售行业要求灵活多变等。自我评估的这四个维度，是可以通过不断训练逐步提高和完善的。比如，职业兴趣可能随着你的年龄增长逐步在变化，从小时候的军人到成为一名优秀教师，也有可能你的兴趣是根据时代的需要而有意识地培养的，这些都是兴趣，在职业生涯规划中会更关注那些长期偏好的。个人能力随着高等教育的持续培养，也会不断提升，而学生在总结个人能力时，可能会夸大或缩小个人能力，不能真正分析个人真实情况，这需要用生活实践或经历来印证，进行正面反馈，增强学生信心。性格和价值观除了受遗传因素影响，后天成长也是关键。对于自我认识，大学阶段既是提升时期，也是逐渐清晰成形的阶段。

在自我评估过程中，职业测评可以帮助学生更好地了解自我。职业测评是以心理测量为基础，对测评者性格、兴趣、能力、价值观及动力等进行测评与职业进行匹配。

在评估性格中使用 MBTI（梅尔斯—布瑞格斯类型指标测量），在评估兴趣中使用霍兰德兴趣量表，在评估价值观中使用施恩提出的"职业锚"概念。这种多渠道的自我评估，使学生对自身的评估更接近客观事实。自我测评的关键在于将自我和职业联系起来，个人兴趣、能力、性格和价值观分别对应不同职业，经过分析和比较得出个人的理想职业是什么，同时，可以让学生清晰地看到自身素质和职业理想的差距，能够找到自身发展潜能，在职业实践中不断提升能力。

3. 提供个性化职业咨询服务

教育坚持以人为本的理念，职业生涯规划教育既要面向全体学生，又要立足于对每位学生个体的教育。在职业生涯规划教育中要充分考虑学生个体差异，对每位学生负责，学生必须紧跟社会发展需要，社会的发展对人才的需求是多层次、多样化的，提高职业生涯规划教育的针对性，采用职业咨询的方式，满足学生个性化指导需要，也是职业生涯规划教育的重要内容。

职业生涯目标的设定是职业生涯规划的核心。职业目标选择恰当，一个人的职业生涯就更容易成功，如果职业目标选择缺乏发展性，那职业发展也将面临重重困难。学生职业目标的选择一般以个人的性格、兴趣、价值、资源等信息为依据。在职业选择之后，要制定行动计划和措施。对学生而言，为达成目标，在学习方面，需要计划学习哪些专业知识；在职业素养提升方面，要明确需要采取什么措施进行训练；在社会实践方面，要明确计划采取什么步骤达到效果。这些方面都需要做出具体安排，在大学阶段，在学生的生涯路线选择、人生目标的修正、实施计划的制定上，如果都能够得到专业指导人员的帮助，那将对学生顺利就业、实现人生理想起到积极作用。

4. 搭建职业生涯教育社会实践平台

人职匹配理论提出个体需要进行正确的自我评估，还需要正确的职业环境认知，其中包含专业所对应的职业认知及社会市场需求的情况，对于职业环境的认识，也是职业目标确立的过程。

我国大学生在进入大学前，对专业了解较少。学生有必要对专业进行深入分析，了解本专业的人才培养目标、主要就业方向等内容，准确把握专业与人才需求的关系，树立积极的职业理想。职业目标的确立是无法脱离社会现实的，职业环境也是不断发展变化的，学生通过搜集、整理职业环境信息，了解就业市场的趋势及对人才素质的要求，找到自身差距，可以促进学生有针对性地了解与专业相关的知识，提升学生主动学习能力。

而社会实践则是学生了解行业发展趋势、职业特征和岗位性质的较好途径。满足学生参与社会实践的需求也是职业生涯规划教育的支撑点，提供社会实践机会则体现了高校职业生涯规划教育服务能力的重要所在。

高校对不同年级、专业的学生分别设计职业生涯规划社会实践的内容，要有针对性地实施。搭建职业生涯教育社会实践平台的具体内容如下：

一年级主要开展企业参观与访问，与职场人士进行交流，让学生通过感官认识、了解社会，接触行业发展趋势、企业文化等。这样做有助于学生树立长远发展目标，把当前需要与长期发展目标统一起来，当资源和精力有限时，就需要以可持续发展的眼光确定行动优先顺序，使大学学习有目的、有计划。

二年级主要是引导学生进行职位认知，让学生通过在感兴趣的岗位进行短期实习，了解职位信息。比如观察和体验正式员工的工作氛围及承担的工作压力，或参加实习单位的工作会议，询问和搜集相关的职业信息，探索职业发展趋势及对毕业生的能力要求。

三年级主要是引导学生参加现场招聘会，了解市场供需情况，与招聘单位建立联系。随时跟踪企业用人需求及用人标准，开阔学生视野，缩小自身期望与就业市场实际需求的差距。

四年级主要引导学生参加顶岗、就业实习，在实践中建立理论与实践的互动，在实践中磨炼品质，提高解决问题的能力，促进学生树立正确的就业观念，理性选择职业发展方向。

第二节 职业生涯规划的评估与改进

影响大学生职业生涯规划设计的因素很多，有的变化因素是可以预测的，有的变化因素难以预测。处于大一阶段学生的兴趣、爱好、能力、知识水平、理想志愿等在通过四年的学习后会发生不同程度的改变，特别是社会环境、就业环境等客观因素的变化，都会对最初的职业生涯规划产生影响。要使职业生涯规划行之有效，就必须不断对职业生涯规划进行评估与调整。

一、职业生涯规划的评估与调整

（一）职业生涯规划的评估

职业生涯规划方案的评估，可以依据各类预定目标和实际结果进行比照。任何形式的评估都可以归结为自我素质和行为表现对现实环境的适应性判断，分析自己的客观能力，特别是针对变化的环境找出偏差所在。

1. 职业生涯规划的评估原则

（1）抓住最重要的内容

在评估过程中不必面面俱到，而是应该抓住关键目标和最主要的策略方案进行追踪。在事业的某个阶段，总有一个最重要的目标。其他目标都指向这个核心目标。通过确定优先级，我们可以集中评估可能实现这一核心目标的主要战略的效果。

（2）发掘出最新的需求

在漫长的职业生涯中将会发生许多变化，因此要了解变化的内部和外部环境中的最新趋势和影响。我们必须与时俱进，善于发现新的变化和新的需求。面对新的变化和需求，应该全面思考什么样的战略最有效、最具创新性。

（3）准确找到突破方向

职场竞争就像下棋，有时候一个突破就能以一种意想不到的方式改变整个局面。大学生应分析之前职业生涯规划中的战略计划，判断哪一个可能对目标的实现有突破性的影响，评估自己的目标能否实现，如果无法实现，则分析原因，寻求新的突破。这样的总结和分析，对于大学生在未来的职业发展中找到突破点是非常有益的，可以避免走弯路，事半功倍。

（4）关注自己的劣势

管理学中有个著名的木桶理论，即一只沿口不齐的木桶，其容量的大小，不取决于最长的那块木板，而取决于最短的那块木板。在反馈评估过程中，当然要肯定自己的长处与取得的成绩，但更重要的是结合变化的环境，发现自己的素质与策略的"短板"，也就是阻碍自己发展的劣势，然后想办法修正，或者把这块"短板"换掉，或者增长。唯有如此，职业生涯这只桶才能有更大的容量。

2. 职业生涯规划的评估对象

职业生涯规划评估的对象是指对职业所处的环境的评估，具体包括对社会环境和组织环境的分析和评估。

（1）社会环境分析与评估

社会环境的分析主要包括以下四个因素的分析和评价：

一是社会各行业对人才的需求情况。随着社会的发展，对各类人才的需求也在不断变化。例如，随着信息技术的发展和普及，对计算机、网络等方面的人才的需求越来越大；同时，对各类管理人才的需求也在不断增长。通过对这些信息的分析，可以知道自己目前的知识和技能是否被社会所需要，需要多少，以及需要在哪些方面学习和提高才能满足社会的需要。

二是社会中各种人才的供给情况。对人力资源供给的分析，实际上就是对人才竞争形势的分析。通过对这些信息的分析，可以了解同类行业竞争的情况，与他人相比的优势和劣势，以及如何在竞争中脱颖而出。

三是社会政策。对相关社会政策的分析可以使个人意识到他们在职业规划中可以抓住的新的职业机会。

四是社会价值观的变化。不同的时代有不同的社会价值观，人们在从事不同的职业时也需要得到社会的认可。了解社会价值观，有利于在职业规划时做出符合社会价值观的职业选择。

（2）组织环境分析与评估

许多人在特定的组织中设计自己的职业发展，因此对组织环境的分析是个人职业规划的重要内容之一。组织环境需要考虑的因素主要包括以下三个方面：

一是组织环境的特征。组织环境的特征包括组织文化、组织规模、组织结构和人员地位。

二是组织环境的发展战略。组织环境的发展战略主要包括组织未来的发展目标是什么，组织的发展目标处于哪个阶段，组织正处于哪个发展阶段。

三是组织环境中的人力资源状况。人力资源状况包括组织人员目前的年龄、专业和学历结构，组织的人力资源开发政策，以及组织为促进员工发展所采取的行动。

通过对组织环境分析与评估，个人可以确定组织是不是他们喜欢的职业环境，组织的发展空间和发展机会怎样，哪种类型的组织将适合他们的未来发展。

（二）职业生涯规划的调整

职业生涯规划评估结束后，根据评估结果调整职业规划。调整的内容包括职业的重新选择、职业路线的选择、阶段目标和人生目标的修订、实施措施和行动计划的改变等。评价与反馈是指在实现职业目标的过程中，有意识地总结经验教训，修正自我认知和职业目标。影响职业规划的因素很多，有些是可以预测的，有些则难以预测。因此，为了使职业规划有效，有必要对职业生涯规划进行持续的评估和修订。

在选择职业道路并为了实现职业目标而积极行动之后，有必要对自己进行再次分析和评估，并在外部环境和自身素质发生变化后反馈这些信息，同时调整自己的职业目标，这是确保职业方向正确的重要手段。对于大学生来说，就是一方面实施既定的职业生涯规划，采取各种积极行动，脚踏实地发展自己的职业生涯，为实现职业目标而努力，另一方面不断检查自己的职业定位，以及目标、策略是否切合实际，是否能得到有效实施。

1. 职业方向上的修正

当职业生涯发展不顺利时，要详细分析，了解其中的原因，是方向错误、对内外环境缺乏客观的分析，还是缺乏对工作的真实体验。方向正确与否是职业生涯能否成功的关键，如果方向错误，就必须重新进行自我认识和评价，重新评估外在环境，进而重新做出新的选择。

2. 计划和措施的修正

及时调整计划和措施是保证目标实现的重要因素。在分析自身实际与目标之间的差距之后，需要制订一些具体的措施，比如参加专业技能培训、参加实践锻炼等，这些措施可以具体到参加何种技能培训班，选择哪本教材，去哪家单位进行具体岗位实践锻炼等。

3. 行为和心理的调整

在职业生涯发展的过程中，要善于调节自己的心理，保持自信、坚持、乐观的最佳状态。通过评估和修正，可以进一步增强自信心，对发展机会有一个清楚的了解，找出有待改进之处，并制订详细的行为改变计划，确保能取得显著的进步。

总之，大学生职业生涯规划是一个持续的、动态的过程。有效的职业生涯规划需要不断分析总结自己的职业路线、计划和措施是否合适，是否适应环境的变化，作为下一轮职业规划的参考依据。职业生涯规划是一个动态的过程，未来是发展变化的，与时俱进不断进行调整是职业发展的必然要求。

二、大学生职业生涯规划的改进策略

（一）学生层面改进职业生涯规划的策略

1. 增强职业生涯规划意识

目前受职业生涯规划教育普及率不高、职业指导老师能力不够、职业测评软件本土化程度不够高等诸多因素的影响，大学生对职业生涯规划的认可度不高，职业规划意识不强。然而大学阶段是一个人成长成才的关键阶段，大学生开展职业生涯规划对其未来发展具有积极的促进作用。在实际生活中要增强大学生职业生涯规划意识，应注意把握以下几个特点：

一是长期性。职业规划要从长远考虑，大学生在一年级期间就要开始制定初步职业规划目标，依据目标调整自己的行动方向。

二是持续性。大学生在考虑职业生涯规划时要注重思考职业发展的整个历程，确保职业发展持续连贯，保证职业主目标与分目标保持一致，目标与措施保持一致。

三是可评估性。大学生在职业生涯规划过程中要注意目标明确，措施具体，以便于检查和评估。

2. 树立适应市场经济的职业理想

当前部分大学生过分注重个人利益，职业目标设定功利化倾向明显，忽略了国家和社会的需要，这将导致个人与社会的矛盾，不利于个人职业发展。当代的大学生面对新的历史条件，应该正确认识自己，客观分析环境，将个人职业理想同国家发展、社会发展需要相结合，树立适应社会主义市场经济的职业理想。

（1）树立个人成长与国家需求相结合的观念。当代大学生是国家整个劳动力市场中年龄、能力、素质、知识、观念等诸方面具有较强竞争力的优势群体，是国家发展的重要财富。大学生应该与国家同呼吸，共命运，树立与祖国共奋进的高尚情操，积极响应国家号召，将个人成才与国家需要紧密结合，在建设伟大祖国的征程中实现个人价值。

（2）树立终身学习的观念。社会在不断发展进步，职业结构、用人要求也在不断发生改变。个人职业意识、职业素质及知识能力必须通过不断学习来提高。因此，要树立终身学习的观念，大学毕业之后的延伸学习，对于职业发展具有重要意义。

（3）树立主体意识和竞争意识。大学生是职业生涯规划的主体一方，在整个职业规划的过程中，只有充分发挥自身的主观能动性，才能较好地开展规划工作。在市场经济中，优胜劣汰的观念已经深入社会的每个角落。大学生要想在今后的职业发展中占据优势地位，就要树立强烈的竞争意识。

3. 准确认识自我及评估外部环境

大学生职业生涯规划首先要准确认识自我，准确评估外部环境，从而选择最佳的职业生涯规划路径。认识自我及评估外部环境包括以下几个方面：

（1）准确认识自己的职业性格。性格是每个人个性中具有核心意义的成分，涉及人的心理过程及个性特征等方面。性格对人们选择职业及适应职业影响较大，不同的职业对从业者的性格要求也各不相同。大学生要想准确认识自己的性格，有时也需要借助相关的测量工具。

（2）全面了解自己的职业兴趣。每个人的职业兴趣不尽相同，兴趣的差异形成了人们选择职业的主要依据之一。因此大学生在进行职业生涯规划时，应该全面了解自己的职业兴趣，依据自己的职业兴趣，选择更喜欢、更适合的职业。

（3）理性判断自己的职业能力。能力直接决定了人们活动的效果，是完成工作任务的前提条件。了解自己的能力倾向对于大学生合理进行职业生涯规划有着重要意义。大学生正处于能力的提升期，需要在日常生活中通过多种途径来理性判断自己的职业能力。一方面可以借助能力倾向测评量表，另一方面可以通过参加各种实践活动测验自己的职业能力。

（4）准确评估自身所拥有的资源。每个人在职业发展的过程中都要利用自身拥有的资源来获得进步。比如拥有的人际关系、自身的经济资源及信息资源、时间资源等。资源对于大学生职业发展具有重要影响，学生在规划时要准确评估自身拥有的资源，结合资源制定符合自己的规划路线。在诸多资源中，人脉资源对于职业发展是非常重要的，它可以通过时间的积累逐渐建立。在建立人际关系时要注意：对人要以诚相待，不能功利化；多帮助他人，该奉献时要奉献；学会了解和沟通，善于赞扬他人的优点。这样有利于改善人际关系，积累人脉资源，推动职业发展。

（5）准确评估社会环境对从业者的要求。目前，我国实际劳动力供给量较大，形成了相互叠加迅速扩大的就业大军，再加上高校扩招以后，大学毕业生数量急剧增加，供求关系出现了新的变化，大学生就业开始出现新的问题，就业压力持续增大。在此情形下，准确评估社会环境对从业者的要求，有针对性地制定规划路线、提高从业能力将为今后职业发展奠定基础。评估社会环境要重点开展以下活动：多参加专业相关社会实践，通过社会实践掌握外部环境的第一手资料；利用假期时间找感兴趣的行业的专业人士沟通交流，初步了解行业对从业人员的要求；多参加专业相关的实习活动，在不影响学习的情况下，通过公司实习，初步接触社会，提高职业需要的各种能力。

4. 学会对职业目标进行有效分解

职业目标按照时间可以分为长期目标、中期目标和短期目标。长期目标一般是符合自己价值观，经过认真选择，与自身未来发展相结合的愿望；中期目标为实现长期目标奠定基础，是一些短期目标完成的结果，中期目标一般有较具体的完成时间，也可适当调整；短期目标是一些具体的、处于操作层面的，为实现中期目标及长期目标而采取的措施。短期目标一般要切合实际情况，有具体的实际操作步骤和完成时间。在制定了长期目标后，依据长期目标，可以制定并采取措施，完成中期目标和短期目标；在中期和短期目标完成的过程中会不断出现新问题、新情况，应该依据现实情况，调整自己的阶段性目标。

在目标有效分解的过程中要注意以下几个原则：

目标分解要有可测量性。分解后的目标要注意时间、数量和质量等因素。

目标分解要有相关性。短期目标为中期目标服务，中期目标为长期目标服务，而所有三个目标都要为个人价值和职业理想的实现而服务。

目标分解要有时限性。所分解的每一个目标都要有时间参数，为目标设定时限，这将对目标的实现起到推动作用。

目标分解要有可实现性。长中短期目标的分解都要有可实现性，分解的目标要结合个人实际情况。

5. 制订职业生涯规划的具体行动计划

制订大学生职业生涯规划的具体行动计划，要与大学生涯目标一致。大学生应该在大学生涯目标下细分制订学业目标、生活成长目标及社会实践目标等。同时大学生也应该按照年度、学期、月、周为单位设立阶段性目标。根据目标制订出具体的行动计划。大学生在制定行动计划时要注意以下几点：

重回顾。大学生制订行动计划应该保证经常回顾行动计划，必要时可以做出变动。

重调整。行动计划应该依据理想蓝图和职业构想进行动态调整，需要注重灵活性，若缺乏灵活性可能会导致计划落空。

重检查。保证至少两个月检查一次自己的学习进度，过程监督在大学生制订行动计划中非常重要，可以帮助自己随时发现规划中存在的问题，可以考察计划的落实情况，从而有针对性地提出解决方案。

重坚持。要有毅力，大学生在实施规划过程中，会遇到很多诱惑，比如很多人都在玩游戏，自己也有兴趣参加，这就有可能导致规划流产。一旦出现间断，最终也容易放弃。因此在制订行动计划一定要注意坚持。

（二）学校层面改进职业生涯规划的策略

1. 推进职业生涯规划与思想政治教育的有机结合

推进大学生职业生涯规划和思想政治教育的有机结合，对于提升职业生涯规划效果具有重要意义。在指导大学生进行职业生涯规划的同时，大力开展理想信念教育、诚信教育、行为规范教育等思想政治教育，可以促使学生个人目标和社会需要有机结合，实现个人的全面发展。具体来讲，实现大学生职业生涯规划和思想政治教育的有机结合，主要通过以下几个方面：

在职业生涯规划中融入理想信念教育等思想政治教育内容。理想信念教育是思想政治教育的重要内容，科学的世界观、人生观、价值观和理想信念是一个人成长成才的重要精神支柱。在大学生职业生涯规划的过程中融入思想政治教育的内容，可以给学生巨大的精神动力，为学生职业发展提供动力支持。利用思想政治教育的目标导向功能，围绕理想信念的主线，深化爱国主义主旋律教育。确保大学生成长方向与国家需要、社会需要相一致，实现大学生的全面发展。

在职业规划教育过程中注重培养学生的集体观念和交流合作能力。通过职业生涯规划中的团体辅导、小组活动等形式，进一步培养学生的集体观念和团队合作能力，充分发挥思想政治教育的激励功能，通过生涯人物访谈、角色扮演、职业体验等活动，激励学生朝着正确的道德观念和社会规范的方向发展，通过活动学生将道德原则转化为自己的道德观念，进而转变为习惯，逐步提升大学生的集体观念和团队合作能力。

以校园文化和社会实践活动增强职业生涯规划的效果。职业生涯规划注重个人对外部环境的全面评估与掌握，学生在大学期间需要通过社会实践活动及校园文化的传承来认识外部环境。因此，学校应认真分析学生职业生涯发展的特点和要求，结合不同学生群体的实际需要，总结凝练学校积淀下来的学校精神、传统文化、办学理念等，建设先进的校园文化，并通过丰富多彩、形式多样的校园文化活动使这种先进的校园文化在学生中传承。借助优秀教师的师德来影响学生，以主旋律来熏陶、引导学生，让学生在先进的校园文化氛围中汲取养分，增强学生职业生涯规划效果，实现个人的全面发展，为自身职业发展奠定坚实基础。

2. 建立适应学生职业发展需要的专业化职业规划指导队伍

高校高度重视职业指导对学生职业发展的重要作用，各学校普遍设立了专门机构，配备了专职人员，对大学生开展人生规划的辅导，职业指导工作已经成为学校不可缺少的教育内容。当前，高校就业指导工作正处在提高阶段，要建立适应大学生职业发展的专业化指导队伍，需要抓好以下几个方面：

（1）高度重视营造职业生涯规划的良好氛围。大学生职业生涯规划是一项系统工程，需要政府部门、高校、学生、家长等各方面的共同参与。要建立专业化的职业指导队伍，必须先获得政府决策部门的高度重视，积极争取政策、经费支持，同时在整个社会上营造重视职业生涯规划的良好氛围，这是建立专业化职业指导队伍的先决条件。

（2）加强职业生涯规划队伍的体系建设。在目前环境下，要做好大学生职业生涯规划工作，仅仅依靠学校就业中心的几名工作人员开展工作是远远不够的，只有充分发动校内外各方面有经验的专家参与大学生职业生涯规划工作，充分调动学生自我发展的主动性和积极性，才能不断提高学生的职业生涯规划质量，才能让学生真正受益。

（3）加强大学生职业指导队伍的制度建设。高校职业指导工作的开展，离不开一支优秀的工作队伍。年龄结构低、学科背景杂的职业指导队伍很难适应大学生职业指导工作的要求。因此，要建立职业指导队伍的准入制度及职业指导队伍的培训制度。建立高素质的职业指导队伍，要从实际出发，定期对职业指导队伍进行专业意识、理论素养、实践技能等方面的培训，建立职业指导队伍的理论研究制度。要形成适合我国大学生职业发展的职业指导体系，就需要从业人员加强研究，吸收国内外职业规划理论的精华，因此，建立职业指导队伍的理论研究制度非常必要。

3. 构建招生、就业、教学互动的综合就业指导机制

大学生职业发展是高校毕业生就业指导工作的重要内容，要想使就业指导工作贴近学生、贴近实际，就要推动就业指导工作与国家、社会的需求相结合，与学生的职业发展愿望相结合，与学校的教学管理过程相结合。因此要建立高效的就业指导工作模式，就要努力构建招生、就业、教学互动机制，推动招生、就业和教学管理在学生培养全过程中互相促进，培养适合社会需要的高素质毕业生，实现高等教育健康协调发展。

建立招生、就业、教学互动的综合就业指导机制，首先高校要根据国家政策和行业发展需求趋势及高校自身的特点，确立学校的办学层次和办学理念，招收相应层次及相应规模的学生，在办学过程中要重点发展部分特色专业和优势专业。其次，高校应根据行业需要和学生特点在教学管理中进行分层次、分类别的系统化教育和培养，并根据就业市场对人才的要求来调整人才培养方向、教学内容、招生规模，以培养适合行业发展要求的高素质毕业生，提高学生综合能力，从根本上解决学生的就业难问题。

4. 加强校企合作，为大学生营造良好的就业环境

在大学生职业生涯规划过程中，建立高校和企业合作的长效机制，搭建学生和企业交流平台，为大学生营造良好的就业环境，对于大学生职业生涯规划具有重要意义。

创建校企合作基地，打造校企合作平台。创建校企合作基地，是高校适应新形势，促进高校和企业之间相互贯通，加强校企合作所采取的一项战略举措，也是高校搭建企业和大学生交流平台的重要措施。大学生要找到自己喜爱的职业，实现自己的职业目标，就必须要和用人单位充分交流，只有企业和学生双方相互了解而达成的雇佣关系才是比较稳定的。因此，创建校企合作基地，可以为大学生顺利实现职业目标奠定坚实基础。

推进就业实习计划，修正学生职业发展方向。通过就业实习，学生一方面可以获取宝贵的工作经验，另一方面可以尽早接触企业，找出差距从而修正自己今后的职业发展方向，同时可以加强学生和企业、高校和企业之间的联系。就业实习已经越来越被学生、用人单位、高校所重视。

加强创新人才培养，提高大学生就业竞争力。加强创新人才培养是提高大学生就业竞争力，帮助学生实现职业目标的重要举措。一般来说，高校应

该采取以下措施：一是加强师生双向实践环节培养。强化高校教学实验中心、学科实验和专业实验室三个实验平台，公共基础实验、学科基础实验、学科方向实验和专业实习四个实践模块的建设，制定措施鼓励教师做出创新。二是加强创新人才培养。高校应该注重对学生科学研究能力、实践能力、组织协调能力和技术创新能力的培养，采取积极措施，试办创新人才实验班。三是加强订单式培养。高校可以考虑在部分优势学科试办订单式培养的人才班，选拔愿意到企业就业的优秀学生，为他们制订专门的培养计划，进行专门培养，同时鼓励学生在三、四年级与企业签订"订单式培养协议"，毕业后企业可优先录用。

5. 要进一步做好高校就业弱势生的职业指导工作

高校就业弱势生，主要指在就业市场中处于竞争劣势的学生群体。就业弱势生因其综合能力较低而有较大的就业压力，是职业生涯规划需求度较高的群体，因此从高校层面来看，需要采取措施帮助他们更好地进行职业规划，达成他们的就业意愿。一般认为，就业弱势生的形成与学生的成长背景、性格因素、社会影响等有重要关系，要做好就业弱势生职业指导工作，应该从以下几个方面入手：

（1）促使弱势生在就业观念上实现转变

第一，实现从消极就业观念向积极就业观念的转变，努力提升自己的就业能力。高校应积极鼓励就业弱势生自主拓宽就业渠道。除了学好本专业的课程之外，还要适当接触跨专业的知识，例如法律专业的学生，既要通过司法考试，还可以选考一些相关专业的资质证书，如商务英语证书、证券从业资格证书等，同时，学校应该在可能的范围内为学生提供优质的教师资源和图书资源。

第二，实现从"自力更生"向"统一战线"的转变，积极调动资源。部分就业弱势生因为自卑等多种因素，不愿意求助老师及身边的同学，经常会贻误处理问题的最佳时机。高校应鼓励就业弱势生积极转变观念，建立就业弱势生帮扶机制。一旦发现就业弱势生心理、工作出现了问题，学校心理咨询室、就业中心等相关部门要帮扶到位，加大弱势生个性化就业指导力度。鼓励他们在找工作时，不要仅仅局限于网上申报，还要多参加招聘会，多向老师和同学请教。

第三，学会换位思考，实现从"能给我什么"到"我能给什么"的转变。企业招聘时考虑的首要因素是人才能为其带来的效益，如果学生在求职时一味地追问"能提供什么样的待遇"而不是"我能为企业做什么"，大多数企业不会选择这样的学生。所以，高校应该引导就业弱势生合理调整就业期望，鼓励他们抱着学习、锻炼的目的和谦虚、谨慎的态度去参加工作，积极乐观地面对陌生环境，而不要无论什么事情都视为"理所当然"。

第四，鼓励弱势生通过提升自己，充分扬长避短保障就业。应该鼓励弱势生通过提升自身能力，寻找更好的机会。对于自身的一些个性化的东西，可以较好地与工作结合起来。例如应聘文字编辑，毕业生就可以充分展现出自己的文字处理的优势，因为用人单位编辑工作是需要笔头功夫，而不是口头上的滔滔不绝，而内向的学生往往更加擅长用行动来表现。就业弱势生要充分认识自身的优缺点，在找工作时有的放矢，学会扬长避短，实现从"不利"到"有利"的转变。

（2）调动积极资源，帮助弱势生解决就业难题

第一，学校要充分调动一切资源帮助弱势生就业。解决弱势生就业问题需要调动各种资源。在这个环节上，学校不能被动等待，仅仅依靠企业进校园，或者学生自己找工作这是不够的。学校应该实行"请进来和走出去"的战略，充分重视校友的作用，通过校友牵线搭桥为现有的学生找工作；充分重视科技合作单位在大学生就业过程中的作用，通过科技合作单位吸纳大学生就业；充分重视教授、家长等资源，鼓励他们帮助学生推荐和介绍工作；做好网络信息平台，及时更新有效的招聘信息，有条件的高校应该建立远程面试系统，为异地高校招揽人才提供方便。总之，学校要尽一切努力为学生提供机会，保证就业弱势生问题的妥善解决。

第二，大学生就业要以社会需求为导向。学校和大学生都应该了解社会需要，准确定位。就业弱势生要通过以下三种方式来调整自我，适应社会：首先是调整自己的就业定位，把解决就业问题放在第一位，确保自己能找到工作，然后再考虑就业质量；其次是学会从危机中看到希望，例如 IT 行业始终处于热门，那么，围绕 IT 行业的一些职业，例如网络编辑、客服专员等职业需求也会很大，我们很多学中文、管理、政治学等专业的学生，只需要稍加培训就可以胜任，不妨予以考虑；最后是要对自身定位和社会形势有准确预判。只有这样，才能做到个人需求与社会需求的统一，也才能寻找到最佳的自我实现方式。就业弱势生要能够积极调整自我的就业方向和就业心态，以适应社会的需要。

总之，高校对大学生的职业生涯规划承担着义不容辞的责任，要从培养高素质人才的角度出发，把职业生涯规划贯穿在大学教育之中，帮助大学生在明确职业生涯目标、积极提高素质的基础上，能顺利地走向就业市场寻找

到满意的适合自己的工作岗位。

第三节　大学生就业创业与职业指导

一、大学生就业创业准备

（一）了解大学生就业制度与政策

1．大学生就业制度

（1）人事代理制度

人事代理是指政府人事部门所属的人才交流服务机构根据国家有关人事政策和法规，接受用人单位和个人委托，并以协议方式明确双方的权利、义务，为单位和个人提供专业化、社会化的人才人事服务。

人事代理是社会主义市场经济条件下产生的新的人事管理方式，是人事管理社会化的重要标志，其相关的政策，即为人事代理制度。

公共就业和人才服务机构可在规定业务范围内接受用人单位和个人委托，从事下列人事代理服务：流动人员人事档案管理；因私出国政审；在规定的范围内申报或组织评审专业技术职务任职资格；转正定级和工龄核定；大中专毕业生接收手续；其他人事代理事项。

高校毕业生办理人事代理，按照《人才市场管理规定》有关规定，人事代理方式可由单位集体委托代理，也可由个人委托代理；可多项委托代理，也可单项委托代理；可单位全员委托代理，也可部分人员委托代理。

单位办理委托人事代理，须向代理机构提交有效证件及委托书，确定委托代理项目。经代理机构审定后，由代理机构与委托单位签订人事代理合同书，明确双方的权利和义务，确立人事代理关系。

① 高校应届毕业生什么情况下不需要办理档案户口挂靠？

公务员、事业单位、国企或者国有控股企业等，它们有独立人事权和集体户口，可以保管档案，将员工的户口落到单位的集体户口，负责员工人事关系。单位签约毕业生，一般都会负责毕业生的人事关系和户口。

② 高校应届毕业生什么情况下需要办理人事代理？

外资企业、乡镇、区街企业、集体、私营企业、民办机构等单位，没有独立人事权，不能独立解决员工的档案保管、户口调动和行政关系等，在这种情况下需要办理人事代理；有独立人事权的单位暂无固定编制，或者只是合同工关系，或者在试用期间，在这种情况下单位也不负责员工的人事关系，也需要办理人事代理。有些毕业生暂无接收单位，也可以委托人才市场负责人事关系。

（2）职业资格证书制度及就业准入制度

职业资格证书制度是国际上通行的一种对技能人才资格进行认证的制度，是把职业资格证书作为劳动者求职、就业基本凭证的制度，为此建立的国家职业技术标准体系和职业技能鉴定社会化管理体制等，都属于职业资格证书制度的范畴。

推行职业资格证书制度是实施"科教兴国"战略的一项举措，也是我国人力资源开发的重要手段。中共中央《关于建立社会主义市场经济体制若干问题的决定》指出："要制定各种职业的资格标准和录用标准，实行学历文凭和职业资格两种证书制度。"《中华人民共和国劳动法》第八章第六十九条规定："国家确定职业分类，对规定的职业制定国家职业标准，实行职业资格证书制度，由经过政府批准的考核鉴定机构对劳动者实施职业技能考核鉴定。"《中华人民共和国职业教育法》第一章第八条明确指出："实施职业教育应当根据实际需要，同国家制定的职业分类和职业等级标准相适应，实行学历文凭、培训证书和职业资格证书制度。"这些法规确定了国家推行职业资格证书制度和开展职业技能鉴定的法律依据。

国家职业资格证书制度是劳动就业制度的一项重要内容，也是一种特殊形式的国家考试制度。它是指按照国家制定的职业标准，通过政府认定的考核鉴定机构，对从业者的技能水平或职业资格进行客观、公正、科学规范的评价和鉴定，并对合格者授予相应的国家职业资格证书。

职业资格证书由人力资源社会保障部门统一印制，人力资源社会保障部门或国务院有关部门按规定办理和核发。国家职业资格证书是持有者具备某种职业所需要的专门知识和技能的证明，是持有者求职、任职、开业的资格凭证，是用人单位招聘、录用员工的主要依据，也是境外就业、对外劳务合作人员办理技能水平公证的有效证件。

职业资格证书分为五个等级，即初级（职业资格五级）、中级（职业资格四级）、高级（职业资格三级）、技师（职业资格二级）、高级技师（职业资格一级）。

就业准入制度是指根据《中华人民共和国劳动法》和《中华人民共和国职业教育法》的有关规定，对从事技术复杂、通用性广、涉及国家财产、人民生命安全和消费者利益的职业（工种）的劳动者，必须经过培训，并取得职业资格证书后，方可就业上岗。实行就业准入的职业范围由人力资源社会保障部门确定并向社会发布。

国家对实行就业准入的具体规定：职业介绍机构要在显著位置公告实行就业准入的职业范围，各地印制的求职登记表中要有登记职业资格证书的栏目，用人单位招聘广告栏中也应有相应职业资格要求。职业介绍机构的工作人员在工作过程中，对国家规定实行就业准入的职业，应要求求职者出示职业资格证书并进行查验，凭证推荐就业，用人单位要凭证招聘用工。从事就业准入职业的新生劳动力，就业前必须经过一到三年的职业培训，并取得职业资格证书；对招收未取得相应职业资格证书人员的用人单位，劳动监察机构应依法查处，并责令其改正；对从事个体工商经营的人员，要取得职业资格证书后工商部门才办理开业手续。

（3）劳动合同制度

劳动合同制度是专门规范劳动合同的制度。劳动合同与每一个劳动者息息相关，是每一个劳动者走上工作岗位与用人单位发生劳动关系时都必须签署的协议。劳动合同的内容包括劳动者与用人单位经过平等协商后达成的关于权利和义务事项的条款。劳动合同订立有以下原则。

平等自愿、协商一致的原则。平等，即签订劳动合同的双方当事人法律地位平等；自愿，就是当事人双方根据自己的意愿订立劳动合同；协商一致，则是指当事人双方对合同的各项条款的具体内容进行充分协商，由双方协商讨论，达成完全一致后确定。

不得违反法律法规的原则。"不得违反法律法规"原则是订立劳动合同必须遵守的最重要的原则。其内涵是：第一，劳动合同的主体必须是合法的，用人单位必须是依法成立的组织，劳动者必须达到法定年龄并具有正当劳动行为的能力。第二，劳动合同的内容必须合法，劳动合同中双方当事人订立的劳动权利义务的具体规定必须符合法律规定。第三，劳动合同的程序和形式必须合法，劳动合同必须规范化文本，以书面形式订立，口头合同是无效的。

（4）职业介绍制度

职业介绍，是指职业介绍机构为劳动者求职择业和用人单位招用劳动者提供中介服务的行为。

为了规范职业介绍行为，保护求职者和用人单位的合法权益，国家劳动和社会保障行政部门是各地职业介绍机构的行政主管部门。市、区、县的劳动和社会保障行政部门按照规定的权限，具体负责辖区内的职业介绍行政管理工作。工商、公安、物价等行政部门应当按照各自职责，协同做好职业介绍的有关管理工作。

职业介绍机构的业务范围有：为求职者和用人单位办理求职或用人登记；组织求职者和用人单位双方进行供求洽谈；为求职者提供职业信息、职业指导、政策咨询；为用人单位提供劳动力资源信息；为职业培训提供职业需求信息；提供职业（工种）交易价位信息；为公民和家庭用工提供中介服务；劳动和社会保障行政部门核准的其他业务。

（5）社会保险制度

社会保险制度是指国家通过立法，按照权利与义务相对应原则，多渠道筹集资金，对参保者在遭遇年老、疾病、工伤、失业、生育等风险情况下提供物质帮助（包括现金补贴和服务），使其享有基本生活保障、免除或减少经济损失的制度安排。

《中华人民共和国社会保险法》第二条规定，我国建立基本养老保险、基本医疗保险、工伤保险、失业保险、生育保险等社会保险制度，保障公民在年老、疾病、工伤、失业、生育等情况下依法从国家和社会获得物质帮助的权利。其中，基本养老保险制度包括职工基本养老保险制度、新型农村社会保险制度和城镇居民社会养老保险制度；基本医疗保险制度包括职工基本医疗保险制度、新型农村合作医疗制度和城镇居民医疗保险制度。

失业保险，是指依法筹集失业社会保险基金，对因失业而暂时中断劳动、失去劳动报酬的劳动者给予帮助的社会保险制度。其目的是通过建立社会保险基金的办法，使员工在失业期间获得必要的经济帮助，保证其基本生活，并通过转业训练、职业介绍等手段，为他们重新实现就业创造条件。

失业保险既是社会保障体系的重要组成部分，又是形成市场就业机制的必要条件。为充分发挥失业保险的作用，进一步改革和完善失业保险制度，国家颁布了《失业保险条例》。吸取了我国失业保险制度建立和发展的实践经验，借鉴了国外有益做法，在许多方面做了重大调整，体现了社会主义市场经济对失业保险制度的要求，体现了失业保险制度服务改革和稳定大局的精神，为形成具有中国特色的基本完善的失业保险制度打下了坚实基础。

（6）国家公务员报考制度

国家公务员招考对象：主要面向全日制普通高等学校优秀应届毕业生，部分职位面向社会人员。目前已有很多地方打破了公务员招考的身份界限和地域界限。

录用公务员，采取公开考试、严格考察、平等竞争、择优录取的办法。录用政策和考试内容应当体现分类分级管理要求。

国家公务员录用坚持以马克思列宁主义、毛泽东思想、邓小平理论、"三个代表"重要思想、科学发展观、习近平新时代中国特色社会主义思想为指导，贯彻新时代中国共产党的组织路线和干部工作方针政策，突出政治标准，坚持下列原则：党管干部；公开、平等、竞争、择优；德才兼备、以德为先，五湖四海、任人唯贤；事业为上、公道正派，人岗相适、人事相宜；依法依规办事。

国家公务员录用考试由考试录用主管机关统一组织，录用公务员，应当按照下列程序进行：发布招考公告→报名与资格审查→考试→体检→考察→公示→审批或者备案。

2. 大学生就业创业政策

国家根据社会和经济发展形势的变化，不断调整高校毕业生的相关就业和创业政策。

（1）国家出台高校毕业生就业创业的政策

第一，鼓励企业特别是中小企业吸纳高校毕业生就业的政策措施。

对招收高校毕业生达到一定数量的中小企业，地方财政应优先考虑安排扶持中小企业发展资金，并优先提供技术改造贷款贴息。

对劳动密集型小企业当年新招收登记失业高校毕业生，达到企业现有在职职工总数30%（超过100人的企业达15%）以上，并与其签订1年以上劳动合同的劳动密集型小企业，可按规定申请最高不超过200万元的小额担保贷款并享受50%的财政贴息。

高校毕业生到中小企业就业的，在专业技术职称评定、科研项目经费申请、科研成果或荣誉称号申报等方面，享受与国有企事业单位同类人员同等待遇。

对小微企业新招用毕业年度高校毕业生，签订1年以上劳动合同并缴纳社会保险费的，给予1年社会保险补贴。

第二，鼓励和引导高校毕业生面向城乡基层、中西部地区及民族地区、贫困地区和艰苦边远地区就业的政策措施。

完善工资待遇进一步向基层倾斜的办法，健全高校毕业生到基层工作的服务保障机制，鼓励毕业生到乡镇特别是困难乡镇机关事业单位工作。

对高校毕业生到中西部地区、艰苦边远地区和老工业基地县以下基层单位就业、履行一定服务期限的，按规定给予学费补偿和国家助学贷款代偿（本专科学生每人每年最高不超过8000元、研究生每人每年最高不超过12000元）。

结合政府购买服务工作的推进，在基层特别是街道（乡镇）、社区（村）购买一批公共管理和社会服务岗位，优先用于吸纳高校毕业生就业。

落实完善见习补贴政策，对见习期满留用率达到 50% 以上的见习单位，适当提高见习补贴标准。

将求职补贴调整为求职创业补贴，对象范围扩展到已获得国家助学贷款的毕业年度高校毕业生。

各地区要结合城镇化进程和公共服务均等化要求，充分挖掘教育、劳动就业、社会保障、医疗卫生、住房保障、社会工作、文化体育及残疾人服务、农技推广等基层公共管理和服务领域的就业潜力，吸纳高校毕业生就业。要结合推进农业科技创新、健全农业社会化服务体系等，引导更多高校毕业生投身现代农业。

高校毕业生在中西部地区和艰苦边远地区县以下基层单位从事专业技术工作，申报相应职称时，可不参加职称外语考试或放宽外语成绩要求。充分挖掘社会组织吸纳高校毕业生就业潜力，对到省会及省会以下城市的社会团体、基金会、民办非企业单位就业的高校毕业生，所在地的公共就业人才服务机构要协助办理落户手续，在专业技术职称评定方面享受与国有企事业单位同类人员同等待遇。

对到农村基层和城市社区从事社会管理和公共服务工作的高校毕业生，符合公益性岗位就业条件并在公益性岗位就业的，按照国家现行促进就业政策的规定，给予社会保险补贴和公益性岗位补贴。

对到农村基层和城市社区其他社会管理和公共服务岗位就业的，给予薪酬或生活补贴，同时按规定参加有关社会保险。

自 2012 年起，省级以上机关录用公务员，除部分特殊职位外，均应从具有 2 年以上基层工作经历的人员中录用。市（地）级以下机关特别是县乡机关招录公务员，应采取有效措施积极吸引优秀应届高校毕业生报考，录用计划应主要用于招收应届高校毕业生。

对具有基层工作经历的高校毕业生，在研究生招录和事业单位选聘时实行优先录用。

第三，鼓励大学生应征入伍，报效祖国的政策措施。

高校毕业生应征入伍服义务兵役，除享有优先报名应征、优先体检政审、优先审批定兵、优先安排使用"四个优先"政策，家庭按规定享受军属待遇外，还享受优先选拔使用、学费补偿和国家助学贷款代偿、退役后考学升学优惠、就业服务等政策。

高校毕业生预征对象参军入伍享受"四优先"政策。

优先报名应征。报名由县级兵役机关直接办理。夏秋季征兵开始前,县级兵役机关通知其报名时间、地点、注意事项等。确定为预征对象的高校毕业生,持《应届毕业生预征对象登记表》,可以直接到学校所在地或户籍所在地县级兵役机关报名应征。

优先体检政审。体检由县级兵役机关直接办理。夏秋季征兵体检前,县级兵役机关通知其体检时间、地点、注意事项等。确定为预征对象的高校毕业生,未能在规定时间内在学校参加体检的,本人持《应届毕业生预征对象登记表》,可在征兵体检时间内报名直接参加体检。

优先审批定兵。审批定兵时,应当优先批准体检政审合格的高校毕业生入伍。高职(专科)以上文化程度的合格青年未被批准入伍前,不得批准高中文化程度的青年入伍。

优先安排使用。在安排兵员去向时,根据高校毕业生的学历、专业和个人特长,优先安排到军兵种或专业技术要求高的部队服役;部队对征集入伍的高校毕业生,优先安排到适合的岗位,充分发挥其专长。

第四,积极聘用高校毕业生参与国家和地方重大科研项目的政策措施。

按照《科技部、教育部、财政部、人力资源和社会保障部、国家自然科学基金委员会关于鼓励科研项目单位吸纳和稳定高校毕业生就业的若干意见》规定,由高校、科研机构和企业所承担的民口科技重大专项、973计划、863计划、科技支撑计划项目及国家自然科学基金会的重大重点项目等,可以聘用高校毕业生作为研究助理或辅助人员参与研究工作。此外的其他项目,承担研究的单位也可聘用高校毕业生。

吸纳对象主要以优秀的应届毕业生为主,包括高校及有学位授予权的科研机构培养的博士研究生、硕士研究生和本科生。

第五,鼓励和支持高校毕业生自主创业,稳定灵活就业的政策措施。

按照《国务院关于进一步做好新形势下就业创业工作的意见》《国务院办公厅关于深化高等学校创新创业教育改革的实施意见》等文件规定,高校毕业生自主创业优惠政策主要包括以下方面:

税收优惠:简化大学生创业流程,取消"大学生自主创业证"。持人社部门核发"就业创业证"(注明"毕业年度内自主创业税收政策")的高校毕业生在毕业年度内(指毕业所在自然年,即1月1日至12月31日)创办个体工商户、个人独资企业的,3年内按每户每年8000元为限额依次扣减其当年实际应缴纳的营业税、城市维护建设税、教育费附加和个人所得税。对高校毕业生创办的小型微利企业，按国家规定享受相关税收支持政策。

创业担保贷款和贴息支持：对符合条件的高校毕业生自主创业的，可在创业地按规定申请创业担保贷款，贷款额度为 10 万元。鼓励金融机构参照贷款基础利率，结合风险分担情况，合理确定贷款利率水平，对个人发放的创业担保贷款，在贷款基础利率基础上上浮 3 个百分点以内的，由财政给予贴息。

免收有关行政事业性收费：毕业 2 年以内的普通高校毕业生从事个体经营（除国家限制的行业外）的，自其在工商部门首次注册登记之日起 3 年内，免收管理类、登记类和证照类等有关行政事业性收费。

享受培训补贴：对高校毕业生在毕业学年（即从毕业前一年 7 月 1 日起的 12 个月）内参加创业培训的，根据其获得创业培训合格证书或就业、创业情况，按规定给予培训补贴。

免费创业服务：有创业意愿的高校毕业生，可免费获得公共就业和人才服务机构提供的创业指导服务，包括政策咨询、信息服务、项目开发、风险评估、开业指导、融资服务、跟踪扶持等"一条龙"创业服务。各地在充分发挥各类创业孵化基地作用的基础上，因地制宜建设一批大学生创业孵化基地，并给予相关政策扶持。对基地内大学生创业企业要提供培训和指导服务，落实扶持政策，努力提高创业成功率，延长企业存活期。

取消高校毕业生落户限制：允许高校毕业生在创业地办理落户手续（直辖市按有关规定执行）。

第六，为高校毕业生提供就业指导、就业服务和就业援助的政策措施。

高校毕业生获取就业信息的主要渠道如下：

浏览各类就业信息网站，包括中央有关部门主办的全国性就业信息网站、地方有关部门主办的就业信息网站、各高校就业信息网站及校内 BBS 求职版面、其他专业性就业网站等；

参加各类招聘和双向选择活动，包括国家有关部门、各地、学校、用人单位等相关机构组织的各类现场或网络招聘活动；

参与校企合作实习，包括社会实践、毕业实习等活动；

查阅媒体广告，如报纸、刊物、电台、电视台、视频媒体等；

他人推荐，如导师、校友、亲友等；

主动到单位求职自荐等。

按照《国务院办公厅关于做好 2013 年全国普通高等学校毕业生就业工作的通知》和《人力资源和社会保障部关于实施离校未就业高校毕业生就业促

进计划的通知》要求，为做好离校未就业高校毕业生就业工作，从 2013 年起实施离校未就业高校毕业生就业促进计划。

地方各级人社部门所属公共就业人才服务机构和基层公共就业服务平台要面向所有离校未就业高校毕业生（包括户籍不在本地的高校毕业生）开放，办理求职登记或失业登记手续，发放"就业创业证"，摸清就业服务需求。其中，直辖市为非本地户籍高校毕业生办理失业登记办法按现行规定执行；

对实名登记的所有未就业高校毕业生提供更具针对性的职业指导；

对有求职意愿的高校毕业生要及时提供就业信息；

对有创业意愿的高校毕业生，各地要纳入当地创业服务体系，提供政策咨询、项目开发、创业培训、融资服务、跟踪扶持等"一条龙"创业服务。及时提供就业信息；

要将零就业家庭、经济困难家庭、残疾等就业困难的未就业高校毕业生列为重点工作对象，提供"一对一"个性化就业帮扶，确保实现就业；

对有就业见习意愿的高校毕业生，各地要及时纳入就业见习工作对象范围，确保能够随时参加；

对有培训意愿的离校未就业高校毕业生，各地要结合其专业特点，组织参加职业培训和技能鉴定，按规定落实相关补贴政策；

地方各级公共就业人才服务机构要为离校未就业高校毕业生免费提供档案托管、人事代理、社会保险办理和接续等一系列服务，简化服务流程，提高服务效率；有条件的地方可对到小微企业就业的离校未就业高校毕业生，提供免费的人事劳动保障代理服务；

加大人力资源市场监管力度，严厉打击招聘过程中的欺诈行为，及时纠正性别歧视和其他各类就业歧视。加大劳动用工、缴纳社会保险费等方面的劳动保障监察力度，切实维护高校毕业生就业后的合法权益。

为帮助困难家庭的高校毕业生求职就业，高校一般都会安排经费作为困难家庭毕业生的求职补助，或对已成功就业的困难家庭毕业生给予奖励。困难家庭的毕业生可向所在院系书面申请。学校也应根据平时掌握的情况，主动对困难家庭的毕业生给予帮助。

困难家庭高校毕业生是指：来自城镇低保家庭、低保边缘户家庭、农村贫困家庭和残疾人家庭的普通高校毕业生。各级机关考录公务员、事业单位招聘工作人员时，免收困难家庭高校毕业生的报名费和体检费。

从 2013 年起，对享受城乡居民最低生活保障家庭、获得国家助学贷款的毕业年度内高校毕业生，可给予一次性求职创业补贴，补贴标准由各省级财政、人力资源社会保障部门会同有关部门根据当地实际制定，所需资金按规定列入就业专项资金支出范围。

（2）国家为高校毕业生提供就业创业服务的机构

公共就业和人才服务机构。由各级人力资源社会保障部门举办的公共就业和人才服务机构，为高校毕业生免费提供政策咨询、就业信息、职业指导、职业介绍、就业援助、就业与失业登记或求职登记等各项公共服务，按规定为登记失业高校毕业生免费提供人事档案管理等服务。此外，还定期开展面向高校毕业生的公共就业和人才服务专项活动，比如每年5月"民营企业招聘周"、每年9月"高校毕业生就业服务月"、每年11月"高校毕业生就业服务周"等，为高校毕业生和用人单位搭建供需对接平台。

高校毕业生就业指导机构。目前，各省教育部门、各高校普遍建立了高校毕业生就业指导机构，为毕业生提供就业咨询、用人单位招聘及实习实训信息、求职技巧、职业生涯辅导、毕业生推荐、实习实践能力提升和就业手续办理等多项就业指导和服务。

职业中介机构。主要包括从事人力资源服务的经营性机构，政府鼓励各类职业中介机构为高校毕业生提供就业服务，对为登记失业高校毕业生提供服务并符合条件的职业中介机构按规定给予职业介绍补贴。

（二）认清大学生就业面临的形势

1. 大学生就业面临的机遇

在当前我国科技、经济水平迅速发展，与世界各国的政治、经济和文化联系日益加强的情况下，大学毕业生的就业面临着前所未有的机遇。党中央、国务院高度重视就业工作，把稳就业保就业放在"六稳""六保"之首。党的十九届五中全会强调，强化就业优先政策，千方百计稳定和扩大就业，完善重点群体就业支持体系。促进高校毕业生就业是就业工作的重中之重。

一是落实劳动者自主就业、市场调节就业、政府促进就业、鼓励创业的政策。将鼓励创业纳入就业政策，引导从业人员转变就业观念，多渠道多形式鼓励就业，促进创业带动就业。

二是实施就业优先战略和更加积极的就业政策。就业促进首次被提升到新的战略高度。

三是加强对重点群体就业的支持。重点做好以高校毕业生为重点的青年、城镇困难群众、退役军人就业工作。

四是加强职业技能培训，提高劳动者就业创业能力。面向全体劳动者的职业培训制度，进行岗前培训、在职培训、定向培训和其他形式的职业培训，增强培训的针对性和有效性。

五是完善人力资源市场和就业服务体系，全面发挥失业保险对促进就业的作用。根据就业形势变化及时调整加大政策力度和工作力度，充分挖掘就业岗位，抓好供需对接，着力帮助高校毕业生等重点群体顺利就业、早日就业。

六是国家实行自主择业、双向选择的大学生就业制度，进一步完善高校毕业生就业支持体系，全力促进高校毕业生更加充分更高质量就业。各地为吸引人才制定的各项政策也为大学生找到合适的工作提供了良好的条件。

2. 大学生就业面临的挑战

当前我国改革开放和市场经济迅猛发展，大学毕业生就业面临着前所未有的机遇，但随着毕业人数的大量增加，毕业生的就业也面临着极大的挑战，主要体现在以下几个方面：

（1）高校毕业生的供需矛盾日益突出

近年来，政府机构精简、人员分流，许多企业为提高经济效益实行兼并、调整；不少用人单位缺乏储备人才的长远发展意识，存在急功近利的短期行为，这些都极大地影响了对大学毕业生的需求。另外，近年来，高校不断扩招，大学毕业生数量迅速增长。这些都使我国高校毕业生的供需矛盾日益突出。

（2）用人单位学历层次要求越来越高

很多用人单位，特别是一些经济发达地区的用人单位在招聘大学毕业生时不从实际需要出发，对高校毕业生的学历需求出现了不切实际的越来越高的现象，存在着一种"硕士以上学历抢着要，本科学历挑着要，大专以下学历没人要"的现象。

（3）高校毕业生求职竞争上存在一些不公平现象

目前在一些地方毕业生求职招聘会受到不正之风的干扰，造成高校毕业生竞争上的不公平。特别是一些地方的事业单位录用存在这样那样的问题，严重影响了毕业生求职的积极性。还有的高校毕业生对国家的就业政策不理解，对社会的实际情况认识不清，在联系工作时千方百计找关系、托人情，把就业希望寄托于他人，而不是靠提高能力来实现就业。

（三）熟悉高校大学毕业生就业工作的程序

近年来，国家坚持劳动者自主就业、市场调节就业、政府促进就业和鼓励创业的方针，实施就业优先战略和更加积极的就业政策，围绕促进高校毕业生就业创业出台了一系列政策措施，各地区也结合实际制定了一些有本地特色的具体政策，对促进高校毕业生就业发挥了积极作用；同时，适应新的形势和特点，积极创新，进一步细化和完善促进高校毕业生就业创业的政策措施；采取多种方式广泛宣传就业法律法规和政策，提高高校毕业生和用人单位的政策知晓度。

随着高校毕业生就业制度的改革，毕业生选择职业有了自主权，但高校毕业生的就业需受国家政策、就业法规的指导和制约，必须遵循一定的原则和程序。

普通高等学校毕业生凡取得毕业资格的，在国家就业方针、政策指导下，按有关规定就业。毕业生是国家按计划培养的专门人才，各级主管毕业生就业部门、高等学校和用人单位共同做好毕业生就业工作。毕业生有执行国家就业方针、政策和根据需要为国家服务的义务。必要时，国家采取行政手段，安置毕业生就业。

高校毕业生求职择业前应该了解毕业生就业管理部门的工作程序及相关的就业政策，收集处理信息，做好资料准备和心理准备，谨慎对待应聘和签约事宜。目前，高校毕业生的就业管理部门主要有教育部、国务院有关部委和各省、自治区、直辖市、政府主管部门和高等院校。

高校毕业生就业工作程序分为：就业指导—收集发布信息—供需见面及双向选择—制订就业计划—进行毕业生资格审查—派遣—调整—接收等阶段。毕业生就业工作一般从毕业生在校内的最后一学年开始。

毕业生就业指导是高校教学工作的一个重要组成部分，是帮助毕业生了解国家的就业方针政策，树立正确的择业观念，保障毕业生顺利就业的有效手段。毕业生就业指导重点是进行人生观、价值观、择业观和职业道德教育，突出对毕业生就业政策的宣传。毕业生就业指导要理论联系实际，注重实效，可采用授课、报告、讲座、咨询等多种形式。毕业生就业指导要与毕业教育相结合，教育毕业生以国家利益为重，正确处理国家利益与个人发展的关系，自觉服从国家需要，到基层去，到艰苦的地方去，走与实践相结合的成才之路。

供需见面和双向选择活动是落实毕业生就业计划的重要方式。各部委、各地方主管毕业生就业工作部门负责管理举办本部门、本地区的毕业生就业供需见面和双向选择活动。经供需见面和双向选择后，毕业生、用人单位和高等学校应当签订毕业生就业协议书，作为制定就业计划和派遣的依据。

高校毕业生就业工作要贯彻统筹安排、合理使用、加强重点、兼顾一般和面向基层，充实生产、科研、教学第一线的方针。在保证国家需要的前提下，贯彻学以致用、人尽其才的原则。国家采取措施，鼓励和指导毕业生到边远地区、艰苦行业和其他国家急需人才的地方去工作。

二、大学生就业应聘材料的准备

自荐材料是高校大学毕业生就业的"敲门砖"，通过自荐材料可以让用人单位未见其人便可了解应聘人员信息，并决定是否面试或录用，可见，自荐材料在大学毕业生应聘中发挥着至关重要的作用。

自荐材料包括：封面、自荐信（求职信）、个人简历、鉴定及推荐意见（班主任鉴定、系推荐意见、学校主管部门意见等）、学习成绩证明、个人优秀表现的支撑材料（获奖证书、资格证书等）、名人推荐信。

（一）封面制作

自荐材料封面要求简洁明快，标题清晰，注明"自荐信"字样，写清学校、学院（系）、专业、姓名和自己的沟通联系方式，可用图案适当点缀，但切忌浮华。

（二）自荐信的撰写

自荐信是一种有目的地针对不同用人单位的书面自我介绍，它以精练的语言展示求职者的最佳形象，用诚恳打动用人单位，激发对方对求职者产生兴趣。自荐信一般安排在自荐材料的扉页，要求热情洋溢、言辞诚恳、大方得体，其重点在"荐"，在构思上要围绕"为何荐""凭何荐""怎么荐"几个重点问题展开。自荐信往往与简历一起使用，因此自荐信的质量在很大程度上影响简历的作用，一封好的自荐信可能为求职者赢得面试的机会，而一封不好的自荐信则可能使简历形同虚设。自荐信的写作格式与一般信件相同，一般由四部分组成：标题、称呼、正文和签名。

关于标题，"自我推荐"要醒目、简洁、典雅、大方、美观。

关于地址，主要寄件人或收件人的地址。假如联系单位明确的话，可以直接用"尊敬的××单位领导"，假如单位不明确的话，可以用"尊敬的贵单位（公司、学校）领导"，最好不要直接冠以单位领导最高的职务，以免引起第一读者的反感。

关于正文，开头的语言应表达对方的问候语，正文包括自我介绍、自我推荐目的、品质展示、愿望决心（态度）、结语五个方面的内容。"自我介绍"只需要陈述你的姓名、大学、学院（系）和专业。"自荐目的"要充分表达对用人单位的喜爱，这就要求在递交自荐信时对用人单位有一定的了解（当然，越多越好）；"品质展示"是求职信的关键，主要表现自己的才能和特长，特别是自己所具备的申请该工作岗位的条件，这些条件包括基本条件和特殊条件，特殊条件是我们的专业，专业不宜过多，一个或两个。"愿望与决心"表达了加入用人单位、创造美好未来的强烈愿望，并期望得到对方的认可和接受，语言自然真诚，不谦虚也不过分热情；在结束语中，以信的形式写祝贺，或者说一些诸如"真诚的"或"期待收到您的来信"之类的话。

关于签名，要注意使用标准的格式，最后一定要留下准确的邮政编码、地址、邮箱号码、电话号码、电子邮件地址等。

自荐信手写是最好的，但是如果书法水平不高，还是使用电脑打印的比较好，内容也不要太长，一般应该控制在 A4 纸的一页。

求职信中要避免的错误：过于自信或缺乏自信；要么是傲慢自傲、自私自利，要么是过于谦虚自嘲；言语庸俗，没有实质内容；或者是奉承，没有实质内容；简历错误或重复——简历中错误的词语、句子、网络用语或简单地重复简历内容；没有签名。

（三）个人简历的制作

简历是求职者的知识、能力、学习和工作经验等的简要总结。一份出色的简历就像产品广告和手册一样，不仅能让自己与众不同，更能充分展示自己令人信服的价值。在就业竞争日益激烈的今天，如何使自己从众多的竞争者中脱颖而出，一份优秀的个人简历是强大的助推器。

1. 个人简历的基本内容

个人信息：包括申请人的姓名、性别、出生日期、籍贯、邮寄地址、电话号码、电子邮件（QQ）等。

工作目标：注明你想申请的职位（最好根据招聘信息中发布的职位填写，越具体越好）。

学历：写明学校名称、学位、学历、所在学院（系）、专业、大学学习（含专业方向、专业培训）、社会教育程度、所获专业奖项。没有必要列出中小学的资料。

工作经历：一般写明在校工作经历和社会工作经历及获奖情况。在校工作经历——担任学生干部，参与学生活动；社会工作经历——社会实践和专业实习。

知识与能力：表明专业知识与技能（专业课、应用操作能力）、一般知识与技能（外语、计算机应用能力、等级证书等）、爱好与特长；一般不需要注明课程成绩，除非你的成绩非常优秀，其中"特殊技能"应选择最具代表性的 1~2 种填写，最好与所申请的工作岗位相关。

自我评价：用简洁的词语概括自己良好的品行、习惯、性格等，要客观真实。"自我评价"不是简历的必要条件。

2. 个人简历写作的原则

重点突出的原则——紧紧围绕"求职意向"组织材料，突出能胜任应聘职位工作的各方面能力，千万不要将自己描写成适合所有职位的"万金油"。

适度包装的原则——树立推销自己的理念，把个人简历看作一份推销自己的广告，在内容、格式、纸质、字体等方面都能突出自己的创意、展示自己的亮点，整洁大方，争取最大限度地吸引阅读者的眼球。

信息集中的原则——使用简洁、清晰、易懂的语言表现自己的知识技能和资质与招聘需求相匹配的信息，多用动词，确保阅读者一眼就能看到他们需要的信息，尽可能避免关键信息的松散混乱。

扬长避短的原则——尽可能表达对自己有积极作用的信息，避免陈述不利信息，并注意充分展示自己的个性特点。

实事求是的原则——客观真实地说明自己的情况，切忌夸夸其谈和无中生有。

短小精悍的原则——简明扼要地介绍自己的情况，让阅读者能在最短的时间内看完，一般控制在 1000~1200 字，尽可能在一至两页 A4 纸内完成。

3. 个人简历写作的格式

简历可以分为七种格式：表格式、半文章式、概要式、按时间顺序写的简历、小册子式、功能性简历和原创简历。这些格式可以单独使用，也可以混合使用。

最好使用 A4 纸，黑白打印效果好，米黄色或淡黄色纸张也可以使用；把姓名、联系方式和邮寄地址放在一起。

排版印刷时，应设置文字边距，使文字宽度约为 16 厘米，并在其周围留出足够的空间。千万不要在简历中出现跳词、不均匀的字母高度和修正液。

推荐材料还包括：鉴定及推荐意见：班主任鉴定、系推荐意见、学校主管部门意见；学习成绩证明〔须学校教务处或所在院（系）盖章〕；个人优秀表现的支撑材料（在校期间获奖和参加社会活动证明的复印件）；名人推荐信（这里的名人包括学校老师、同行专家、企业领导等能对就业岗位产生积极影响的人）。

4. 电子简历的制作

电子简历主要包括个人资料、教育背景、工作经验和其他方面四部分。制作电子简历应注意：

（1）直达主题

将自己想要传达的信息直截了当地表达出来；比如："我能胜任贵单位的××岗位，有以下理由……""本人专业知识扎实，实验操作能力强，具体表现为……""本人有较强的组织能力和社会活动能力，在校期间曾先后担任……先后组织了……活动，获得过……奖励……"

（2）突出重点

在简历中只需将你的资历、专长、成就、求职意愿详细说明就够了，切勿啰唆，确保重要信息不被冗长的叙述所淹没。

（3）遣词造句经济、有力、易懂

简单明了，不要使用令人费解的词句；直截了当，语言用短句，材料用短篇；考虑阅读对象的知识背景，尽可能不使用专业性太强的术语和词汇；说明具体，不要使用模糊、笼统的字词。

（4）篇幅适中

注意提高简历的含金量。

（5）对电子简历进行装饰

使其更醒目，更有吸引力，更容易被阅读。

如果你是通过电子邮件发送电子简历，直接将其复制到邮件管理器的信息框中，而不是将其作为附件添加到电子邮件中。

5. 个人简历制作注意的细节

第一，不要使用下划线，这样下划线就不会与写作联系起来；第二，用白纸代替手写和斜体来提高分辨率；第三，仔细使用垂直线条和图表，不要使用奇怪的文字和图片，不要使用倒置的彩盒进行识别和阅读；第四，注意字体大小和易读性；第五，电话号码的区号用"（）"隔开，电子邮件地址和网址分开行（如果并发的话，两者之间要有多个空格）；第六，不要折叠材料，不要使用订书机，以便阅读时便于扫描；第七，引用关键词，体现招聘要求，以提高对方的阅读兴趣。

三、大学生就业创业相关问题分析及应对举措

（一）大学生就业存在的问题

随着就业制度改革的不断深入，高校大学生就业指导与服务体系得到进一步加强和完善，当前我国大学生就业观念更趋于主动、理性和多元，其就业能力得到进一步提升，但仍存在许多不容忽视的问题，就业能力的不足严重制约了大学生就业竞争力的提升。

1. 大学生就业创业能力不足

从发展的角度宏观看待大学生就业问题，解决大学生的创业问题，是解决大学生就业和促进社会就业的重要举措。创业能力是指一定条件下，人们发现和捕捉商机并将各种资源组合起来，创造出更大价值的能力，即潜在的创业者将创业设想成功变为现实的能力。创业能力是以智力为核心的综合性很强的就业能力。

高等教育大众化背景下，对以就业为导向的大学生的创业能力提出了更高的要求，以创业能力为核心的大学生创业项目规划、创业计划大赛设计等作为大学生的创新思想和项目经验，是大学生就业个性化能力的体现，在用人单位的招聘中起着举足轻重的参考作用。然而，高等教育大众化背景下大学生仍存在着创业能力不足的现象，主要表现在大学生创业意识不强、创业素质和技能不足、创业能力不高等。

2. 大学生求职应聘能力欠缺

大学生求职应聘能力是指大学生在求职中积极利用自身条件，充分发挥求职技巧，努力把握求职机会，展现出的综合素质和能力。大学生应聘过程中所表现出的竞争心态、沟通能力、推销自我的能力是求职应聘能力的主要内容，这是大学生顺利实现就业最直接的因素。当前高校大学生求职应聘能力欠缺主要表现在求职前的心态不端正，应聘前准备不足，基本应聘技巧缺乏，不能正确对待竞争，信息收集处理能力不强等。

求职应聘能力是高校大学生择业中最应具备的就业能力，大多数的单位也是把毕业生的能力作为选才的最终标准。但一部分大学生由于应聘能力的欠缺和求职技巧的不足，在求职过程中往往不能充分展示出自身的魅力，失去了成功就业的良好机遇。

3. 大学生职业发展能力薄弱

职业发展能力是大学生个性化差异能力的重要体现，既表现为大学生获取较好工作岗位的优势能力，也体现在个体适应职场发展，实现职业理想的发展能力。大学生职业发展能力薄弱主要表现在大学生职业生涯规划能力和职场适应能力不强，学习迁移能力不足，专业知识不过硬等。

职业生涯规划能力是连续、稳定地指导个体把握职业方向、提高职业竞争力和获取最大限度事业成功的重要能力。职场适应能力是大学生职业发展能力的核心，对个体职业发展具有重要的意义。学习迁移能力实际上是学习新知识的能力，是一种适应能力，是形成其他能力的基础。大学生专业能力既包括大学生对专业知识的学习掌握程度，也包括用人单位招聘中要求的适应专业岗位要求的"人职匹配"情况。

4. 大学生实践能力不强

实践能力是指大学生在学习、工作、生活等方面，运用智力、知识和技能，完成特定实践活动的水平和可能性，即学以致用解决实际问题的能力。大学生实践能力由一般实践能力、专业实践能力和综合实践能力构成，一般实践能力是用人单位挑选大学生的首要标准，专业实践能力是用人单位挑选大学生的关键标准，综合实践能力是帮助大学生获得更好职位的高层次能力，大学生实践能力的三个方面是一个有机整体，互为影响，共同促进大学生主体性的发展。

实践能力在大学生就业及个人发展中的地位越加突出，但目前大学毕业生普遍存在实践动手能力不强的问题。当前很多毕业生尽管有着比较丰富的基础理论知识，但大学生实践能力的不足已成为大学生求职择业的重要制约因素。大学生实践能力不强主要表现在一般实践能力不强，专业实践能力不突出，综合实践能力缺失。

（二）提升大学生就业能力的原则

1. 以人为本、全程指导的原则

高等教育大众化背景下，提升大学生就业能力，坚持以人为本、全程指导的原则，就是将以人为本全面发展的教育思想贯穿于大学生就业能力培养的全过程，这是素质教育发展的必然要求。具体到教育上就是在高等教育和大学生就业指导中，把大学生当作主体，给学生以充分空间，使其自由发展而不逾矩；引导其顺其自然，而不是拔苗助长。培养大学生的主体意识，让大学生充分认识到自己主体性存在的价值和意义，在此基础上提升大学生个体的就业能力意识培养和能力建构。

提升大学生就业能力，应坚持"全程指导"的思想，需进行高校品牌战略塑造，在大学生就业能力的提升过程中应充分实现学校与社会互动，充分发挥学校与社会相互促进作用。走出去，请进来，使学生充分了解社会及各专业在社会上实际应用和发展现状。

2. 综合素质与职场适应力并重的原则

为了适应企业和社会的需求，结合高等教育大众化阶段人才培养的需要，高校在大学生就业指导工作中，应注重把提高大学生综合素质和职场适应能力相结合，坚持综合素质与职场适应力并重的原则，为社会为企业输送高素质应用型人才。

首先，培养大学生终身学习的能力。学校培养了大学生处理问题的思维方式和灵活度，但这一般不能直接提高大学生将实际技能转化为工作技巧的能力，因此大学生具备终身学习的意识和能力十分重要。

其次，把培养学生的职业适应能力作为一项重点。要使大学生未来进入"职场"后能快速实现角色转变，高校就必须培养大学生对工作环境的适应能力、融入团队的能力、人际关系处理能力等。

最后，注重社会实践历练。大学生不仅需要记忆和传播知识，更要学会如何运用知识服务社会，学会如何"做人"和如何思考问题。高校要积极引导大学生主动参与社会实践，使所学知识、技能与社会需要有机结合。

3. 职业发展自我调适、自我定位和自我规划的原则

要提升大学生的就业能力，就必须遵循个体职业发展的规律，坚持大学生职业发展自我调适、自我定位、自我规划的"三自"原则。

面对严峻的就业形势，提升大学生就业能力，应从大学生职业发展的高度着想，在提升大学生就业能力的过程中，按照职业生涯规划理论，引导大学生准确定位，明确目标，合理规划。很重要的一点是引导大学生自身进行职业生涯规划的意识和能力，如果大学生能明确自我人生目标和自我职业定位，使个人的职业理想具体化，具有可操作性，就可以为进入社会提供明确方向。大学生就业能力的提升，关键在于强化大学生自身职业适应能力和职业生涯规划意识。

（三）建立大学生就业创业能力的机制

1. 构建以就业为导向的高校人才培养机制

解决好高校大学生就业问题，是社会、学校、家庭和学生的共同愿望。紧密结合社会需求，构建以就业为导向的人才培养机制，是高校提高毕业生就业竞争力的有效措施。

当前，要以就业为导向，增强学科和专业设置的职业针对性，使学生的知识结构更好地适应就业岗位的需求。以就业为导向，创新人才培养模式，充分发挥社会在人才培养方面的导向作用，在促进学生职业能力形成的同时，通过用人单位和学生之间的了解沟通，为学生就业开辟新的途径。高校应以就业为导向，构建学生创新平台，不断提升学生创业能力和实践能力，有效提升大学生的职业竞争力。

2. 完善高校大学生个性化就业指导机制

高校的大学生就业指导工作应注重点面结合，一方面扎实做好基础性的就业指导工作；另一方面，把个性化指导贯穿于大学生职业生涯发展之中。个性化的就业指导课程、个性化的职业生涯规划设计辅导、个性化的就业咨

询约谈方法、个性化的多元就业信息沟通渠道等，将有效地提升大学生就业能力。

高等教育大众化背景下，通过个性化就业指导与服务，科学设计不同学生个体发展的最佳路线，满足大学生对就业指导的个性化需求，也是就业指导工作走向成熟的体现，是高校就业指导工作的发展趋势和未来目标。

3. 形成政府、高校和用人单位联动的合力机制

政府、高校和用人单位应充分认识到大学生就业问题的重要性和紧迫性，要始终坚持科学发展观，贯彻"以学生为本"的育人理念，以制度政策、教育理念、方式方法改革为着力点，切实为大学生的就业创造各种有利条件。应注重在政策层面及实际措施上给予大力支持，学校要整合各种资源，加强联系与沟通，广辟渠道，提高大学生的综合素质和就业竞争力，加强大学生就业创业与职业指导，教育和引导大学生转变就业观念，在校地合作、校企合作培养大学生就业能力的基础上形成政府、高校和用人单位联动合力机制，努力构建全方位、多层次的大学生就业能力提升体系。

第七章　职业素质和职业能力

第一节　培养职业素质

职业素质是指劳动者在一定的生理、心理条件下，通过教育培训、劳动实践和自我修养逐步形成和发展起来的内在的、稳定的基本素质，在实际的职业活动中起着重要作用。职业素质是劳动者对社会职业理解和适应能力的综合体现，主要表现在劳动者的职业意识、职业理想、职业道德、职业能力、职业心理、创新素质和创业素质等方面。

一、职业素质的分类

一般情况下，职业素质主要分为以下 10 类：

第一，身体素质，指劳动者自身体质和生理健康方面的基本素质。任何一个企业在聘用人才时，首先要求应聘者身体健康。

第二，心理素质，是指劳动者在认知、知觉、记忆、想象、情感、意志、态度和个性（兴趣、能力、气质、性格、习惯）特征等方面的素质。

第三，政治素质，指劳动者在政治立场、政治观点、政治信念和理想信仰等方面的素质，这是每一个合格的国民应该具备的基本素质。

第四，思想素质，指劳动者在思想认识、思想觉悟、思想方法和价值观念等方面的素质。思想素质受客观环境，如家庭、社会、环境等因素的影响。良好的思想素质可以促使一个人不断前进，获得更大的快乐和幸福。

第五，道德素质，指劳动者在道德认识、道德情感、道德意志、道德行为、道德修养、组织纪律观念等方面的素质。较高的道德水平可以增强个人在别人心中的良好印象，获得更多人的认可和赞赏。

第六，专业素质，指劳动者掌握的专业知识、专业理论、专业技能、必要的组织管理能力等，是一个人在职业活动中赖以生存的必备素质。

第七，科学文化素质，是指劳动者在科学知识、技术知识、文化知识和文化素养方面的素质。知识的丰富积累是一个人内涵升华的基础。

第八，审美素质，指劳动者在审美意识、审美观、审美情趣、审美能力等方面的素质。较高的审美水平，可以不断提高生活质量，增强个人的幸福感，有利于工作效率的提高。

第九，社会交往和适应素质，主要是指劳动者具备的语言表达能力、沟通交流能力、社会适应能力等。这种素质不是与生俱来的，而是后天培养的个人能力，是职业素质的核心之一，从侧面反映了一个人的能力。

第十，学习和创新素质，主要是指劳动者具有的学习能力、信息能力、创新意识、创新精神、创新能力、创业意识和创业能力等。学习和创新是个人价值的另一种表现形式，体现了个人未来的发展潜力以及对企业未来的影响和价值。

二、职业素质的培养

提高大学生职业素质是促进大学生就业的要求，大学生只有平时注重职业素质培养，才能为毕业后的求职就业和职场生涯打下坚实的基础。职业素质的培养是对综合素质的培养，而非只是对专业技能等某一项专业素质的培养。因此，在职业素质培养过程中，既要做到突出重点，又要做到统筹兼顾，以便全面提高大学生的职业素质。

（一）身心素质的培养

身心素质包括身体素质和心理素质。身体是革命的本钱，没有健康的体魄就难以胜任繁重的工作。同样，在现代社会工作压力普遍较大的形势下，过硬的心理素质显得愈发重要。

1. 身体素质的培养

健康的体魄是胜任职场工作的基本条件，大学生在努力学习的同时，还要注意养成良好的生活习惯，科学合理地分配学习、娱乐、休息时间，充分利用各种有利条件和体育设施，积极锻炼，提高自己的身体素质。

2. 心理素质的培养

养成良好的心理素质的前提是要学会正确认识自我，全面了解和正视自己的性格品质、兴趣爱好等个性，克服自卑或自负的心理，敢于改正自身个性上的缺点，切实提高自信心，敢于竞争，保持积极心态，胜不骄，败不馁，从而养成良好的心理素质，为应对激烈的就业竞争做好心理准备。

（二）政治、思想、道德素质的培养

政治素质、思想素质是对社会主义公民的基本要求，而道德素质尤其是职业道德素质是对从业人员的行业要求和道德规范。

1. 政治素质和思想素质的培养

加强马克思主义理论学习，培养科学的世界观、人生观、价值观是养成良好政治思想素质的必要途径。马克思主义、毛泽东思想、邓小平理论、"三个代表"重要思想、科学发展观、习近平新时代中国特色社会主义思想是改造我们思想，提高政治思想素质的重要武器。因此，大学生要加强政治思想理论学习和自身修养，不断提高自身的政治思想素质。

2. 道德素质的培养

注重职业道德修养理论知识的学习，积极参加社会实践活动，在生活中注意自身的言行举止和道德修养，做到知行统一，这是提高道德素质的根本途径。大学生要多向道德模范学习，敢于自我批评，纠正自己的缺点，切实提高个人修养。

（三）专业素质、科学文化素质的培养

专业素质和科技文化素质是求职者胜任某项职业的基本素质。大学生只有具备了扎实的科学文化素质和专业本领，才能在日益激烈的就业形势下立于不败之地。

1. 专业素质的培养

专业素质的培养包括专业知识的掌握和专业技能的掌握。大学生要努力学习专业基础知识，了解本专业的最新动态和前沿知识，尽可能地丰富和扩展自己的专业知识。同时，大学生还要注重培养和提高自己的实践动手能力和创新能力，积极参与科研活动和专业竞赛等实践活动，不断提高自己的专业素质。

2. 科学文化素质的培养

大学普遍开设了"科学文化素质修养"和"科学素养与人文素养"等科学文化素质方面的课程，大学生要有针对性地选修此类课程，积极参加科学文化素质教育方面的学术讲座，拓展自己的科学文化视野，促进自身科学文化素质的提高。

（四）其他方面素质的培养

大学生应积极参与丰富多彩的审美实践活动，掌握审美规律，努力尝试通过审美创造来培养和提高自身的审美素质。同时，大学生还要积极参加一些有意义的集体活动，掌握处理人际关系的方法和艺术，学会正确处理人际关系，培养和提高自己的综合素质。

第二节 提升职业能力

职业能力是指一个人完成工作任务、从事与职业相关的活动所必需的知识和技能，这些知识和技能表现在各种工作和与职业相关的活动中，并在这些工作和活动中得到应用和发展。

职业能力主要包括三层含义：第一层是从事某种具体职业，能够胜任某一具体岗位而必须要具备的能力，主要表现为任职资格；第二层是指在步入职场之后表现出来的职业素质，也就是怎样做人、做事的能力，包括道德、态度、意志等内在素质及在工作方式、职场上应注意的基本规则、常识等；第三层是开始职业生涯之后具备的职业生涯管理能力。

大学生所具备的职业能力是其胜任未来职业的基本条件。无论从哪个角度来讲，拥有过硬的职业能力，都是大学生职业生涯发展的重要支撑。在职场的激烈竞争中，大学生职业技能的高低对于用人单位是否录用自己起着至关重要的作用。

一、职业能力的构成

职业能力是从事相关职业活动和完成相关任务所需要的各种能力的综合，我们通常将职业能力分为一般职业能力、专业职业能力和综合职业能力。

一般职业能力是通用职业能力，是指劳动者一般的学习能力、文字和语言表达能力、数学运用能力、空间判断能力、形体知觉能力、颜色分辨能力、四肢灵活的运动能力和手眼协调能力等。

专业职业能力主要是指从事某一职业所必需的职业能力和技能。在找工作的过程中，用人单位最关心的是应聘者是否具备工作所需的专业能力。

综合职业能力一般是指劳动者在许多方面的能力，这里主要是指国际上普遍关注的"关键能力"。

二、职业能力的培养和提升

高校大学生职业能力的培养和提升，不仅需要学校和老师共同努力，也需要大学生充分发挥主观能动性。

（一）加强职业规划，促进学生职业能力提升

高校已经对大学生展开相关就业指导，但就业指导结构仍需不断优化。可以帮助学生加强职业规划，促进学生综合素质提升。首先，学校可以为学生构建专业化职业规划团队，不仅要对学生展开相关就业指导，也要帮助学生了解行业未来发展方向。例如，具有丰富专业能力和实践能力的职业规划团队，可以引导学生加强对市场需求的了解。学生可以根据个人特点，明确职业发展目标和发展规划，并有针对性地提升自身职业能力。其次，学校应采用多元化的指导方式。相关就业指导不仅要结合教学内容，也要根据职业规划加以拓展。例如，可以通过全真模拟实践、知识竞赛、实训实习等方式，促进学生综合就业能力提升。可以帮助学生获取相关职业证书，以增加自身含金量，促进职业能力提升。

（二）校企合作、产教结合，培养更多应用型人才

目前很多高校已经开始校企合作，并通过产教结合模式加强人才实践能力和职业能力的培养。但传统产教合作模式下，企业的话语权很小，因此企业应积极参与教育，才能促进教育体系和教育模式的革新。首先，教师和企业的专业人才要积极进行互动和合作，既要加强对行业未来前景的了解，也要根据企业用人需求，对现有培养目标和培养模式进行优化。例如，企业可以全程参与教材编制、教学目标制定、教学模式改革，实现校企资源互补。其次，政府应为与学校合作的企业提供相关政策补助。例如，可以在税收和财政等方面给予一定政策倾斜，这样企业不仅会更加积极地加强与学校的合作，也能主动为教育发展提供更多实践基地，以促进学生就业能力及职业能力的有效提升。

（三）促进自身学习理念更新，提升学生职业能力

大学生的自主提升意识和主观性不断增强，是提升学生职业能力的最佳保障。目前高校毕业生数量较多，因此高校毕业生面临的就业压力依然较大。一些学生用继续深造逃避就业难现实，还有一部分学生存在得过且过心理，自我约束能力较差。学校在为学生构建和谐的学习环境时，也要加强对学生的健康引导。可以通过对学生进行相关职业规划，促进学生确立成长目标。学生可以在毕业前，多参与毕业实习。虽然在校大学生经验较少，但对工作充满激情，学习能力和学习意识也较强。学生只要学会如何将劣势转化为优势，就能得到企业认可，并在实习中有效提升自身职业能力。社会的不断进步需要学生不断提升学习意识和学习能力，学生必须积极主动地进行知识和理念革新，才能满足社会发展需要，成长为高素质复合型人才。

第八章　求职面试与职场礼仪

第一节　面试的基本类型

面试不仅考察求职者对具体工作业务的认识和从事具体工作的能力，更注重考察求职者沟通表达、团队合作、情绪管理、社交礼仪等方面的综合素质。

了解和明确面试的类型和方法是确保面试成功的重要步骤。从不同的角度来看，面试有几种不同的划分方法。

一、单独面试与集体面试

（一）单独面试

单独面试，也叫一对一面试，是指面试官单独会见求职者。这是最常见、最基本的面试方式。单独面试的优点是，它可以提供面对面的机会，彼此深入交流。单独面试有两种类型。一种是只有一位面试官负责整个面试过程。另一种是让多个面试官参加整个面试过程，但一次只和一个求职者交谈。公务员面试大多属于这种形式。

（二）集体面试

集体面试，也叫小组面试，是指几位求职者同时对一位面试官接受面试。在小组面试中，求职者经常被要求进行小组讨论，就某个问题进行合作，或者轮流主持会议和发表演讲。这种面试方法主要用于考察求职者的人际沟通能力、对环境的洞察和把握能力、领导能力等。

无领导小组面试是最常见的一种小组面试形式，越来越多的用人单位使用这种方式。在无须预约召集人及面试官直接参与的情况下，求职者可自由讨论面试官所提出的话题。话题一般取材于招聘工作的专业需求或现实生活中的热点问题，具有较强的岗位特殊性、情景真实性和典型性。在讨论过程中，面试官坐在与求职者有一定距离的地方，不参与提问和讨论，通过观察和聆听对求职者进行评分。

1. 无领导小组面试的问题形式

（1）开放式问题

开放式问题，是指其答案的范围可以很广，主要考察求职者思考是否全面，回答是否有针对性，思路是否清晰，是否有创新的观点和见解。如什么样的领导才是好的领导？关于这个问题，求职者可以从很多方面来回答，比如领导者的人格魅力、领导者的能力、领导者的亲和力、领导者的管理方式等。开放式问题对面试官来说很容易提问，但很难对求职者进行评估，因为它们不太可能引起求职者之间的争论，而且被测试的能力范围相对有限。

（2）两难问题

两难问题是指求职者被要求在两个互有利弊的答案中做出选择。这个问题侧重于考查求职者的分析能力、语言表达能力和说服力。例如，以工作为基础的领导是好领导，还是以人为本的领导是好领导？一方面，这样的问题对面试官来说不仅容易理解，而且可以很好地展开辩论。另一方面，对于面试官来说，这不仅在准备问题时更方便，而且在评估求职者时也更有效。对于这类问题，需要注意的是，两种答案都有相同程度的利弊，不存在一个答案比另一个答案有明显的选择优势。

（3）多项选择问题

多项选择问题要求求职者从各种备选答案中选择有效答案，或者对备选答案的重要性进行排序。它主要考查求职者分析问题本质和掌握问题本质的能力。这类问题对求职者来说更难提问，但对求职者各方面的能力和个性特征进行评估则更有利。

（4）操作性问题

操作性问题是给求职者一些材料、工具或道具，让他们利用这些材料来设计面试官指定的一个或一些对象，主要考察求职者在实际操作任务中的主动性、合作能力和作用。例如，求职者拿到材料后，要互相合作建造一座铁塔或建筑物的模型。

（5）资源争夺问题

资源争夺问题适合于无领导的角色分配的小组讨论。它是要求同等地位的求职者分配有限的资源，以考察求职者的语言能力、问题分析能力、总结或总结能力、说话的热情和反应的敏感性。例如，让求职者作为每个分支部门的经理，分配一定数量的资金。为了获得更多的资源，一个人必须有合理的证据，并能够说服别人。因此，这样的问题可以引起求职者的充分辩论，并帮助面试官评估申请人。在这类问题中，讨论问题有更高的要求，即讨论问题本身必须具有角色地位的平等性和所准备材料的充分性。

2. 无领导小组讨论步骤

无领导小组讨论通常耗时 30~60 分钟，包括以下步骤：

（1）准备阶段

面试官将安排以下事项：

导向性语言，应该有统一明确的导向性语言。

为了让所有求职者处于平等的地位，没有领导的小组讨论应该使用圆桌，而不是方桌，因为方桌容易使面对面坐着的人产生敌意。

在选题方面，无领导小组讨论中常用的问题有五种，它们在问题的创造和评价难度上略有不同，分别是开放式问题、两难问题、多项选择问题、操作问题和资源争夺问题。一般来说，最好选择一个能在小组成员中引发激烈争论的话题。

（2）具体实施阶段

在面试官向求职者提供了必要的信息、问题的背景和讨论的要求之后，不提问、讨论或回答可能会给求职者提示的问题。讨论过程通过摄像机进行监控和记录。

整个讨论可分为三个阶段：第一阶段，面试官宣读考题，考生理解考题，独立思考，列出演讲提纲，一般 5 分钟左右。第二阶段，求职者轮流发言，陈述他们的观点。第三阶段，求职者自由发言，不仅陈述自己的观点，也评论他人的观点，最终达成一致意见。在时间方面，单次发言时间应有限制。

（3）评价阶段

一般应至少有两名面试官互相检查评价结果；面试官应根据记分卡上列出的项目仔细观察求职者的表现。面试官对求职者的评估必须客观、公正、真实。

在无领导小组讨论、总结阶段所有的面试官都写一份评估报告，包括全局的讨论、提问的内容等，主要解释每个求职者的具体表现，他们自己的建议，最后招聘意见等。

二、一次性面试、分阶段面试与逐级面试

一次性面试，是指用人单位对求职者的面试集中在一次。在一次面试中，面试官的队伍一般是"大"的，通常由用人单位人事部门负责人、业务部门负责人和人事评估专家组成。在一次性面试的情况下，求职者能否通过面试，甚至能否被录用，都取决于这次面试的表现。面对这种面试，求职者必须集中精力，认真准备，全力以赴。

分阶段面试按照面试方式，一般分为初试、复试和综合评估三个步骤。初试的目的是从众多的申请者中挑选出更好的候选人。初试一般由用人单位的人事部门主持，主要考察求职者的仪表风度、工作态度、进取精神等，淘汰明显不合格的人。符合条件的应聘者进入复试，复试一般由用人部门负责人主持，考核应聘者的专业知识和业务技能，衡量他们是否适合所申请的工作。复试结束后，人事部门和用人部门将对每个求职者的成绩进行综合评估，确定最终合格的求职者。

逐级面试，根据小组成员的级别由高到低，依次对求职者进行面试。访谈的内容根据层次有不同的侧重点，下层一般是考察专业和业务知识，中层主要是考查能力，高层主要是进行综合考察和最终考核。实行层层淘汰筛选。求职者应该了解各个层次的面试要求，并努力在每个层次上都给面试官留下好印象。在低级别的面试中，不要轻视，不要骄傲，不要粗心；在高层面试中，不必胆怯。

三、非结构化面试与结构化面试

在非结构化面试中，面试的组织是"非正式的"。要把握好面试过程，面试中要问的问题，面试评分角度和面试结果处理方法，面试官没有事先精心准备和系统设计。

正式面试通常是结构化面试。结构化面试包括三个方面的含义：一是面试过程进行（面试程序）结构化。在面试的初试阶段、核心阶段、结尾阶段，面试考官要做什么，要注意什么，要达到什么目的，都会提前做相应的计划。二是面试问题的结构化。在面试的过程中，面试官要考查求职者的素质，哪些问题主要是围绕这些角度问的，什么时候提出，怎么提，求职者要在面试前做好预测。三是访谈结果评价的结构。从什么角度来判断求职者的面试表现，如何区分成绩，甚至如何打分等等，面试前都会有相应的规定，考官之间也有统一的尺度。

四、常规面试与情景面试

常规面试是我们常见的面试官和求职者面对面地问答。在这种面试情形中，主考官处于主动状态，而求职者通常则采取被动的反应。考官提问，求职者回答考官提出的问题，展示知识、能力和经验。考官根据应试者在面试过程中对问题的回答以及他们的外表、肢体语言和情绪反应来评估其综合素质。

情景面试突破了传统面试中面试官与应试者之间的问答模式，介绍了在人员选拔中采用的情景模拟方法，如无领导小组讨论、文件处理、角色扮演、发言、答辩、案例分析等。情景面试是面试形式发展的新趋势。在这种情况下，面试的具体方法是灵活多样的，考官可以更全面、深入、准确地评估求职者的素质。

第二节　面试准备与求职礼仪

一、面试准备

（一）心理准备

要面试成功，首先要充满信心，保持良好的状态、愉悦的心情，以一颗平常心正确对待面试，做好承受挫折的心理准备。其次，要抓住招聘者的心。要树立自信，培养良好的心理素质，做好心理准备，不要抱太多功利想法。找到一份理想的工作不仅需要时间，还需要很多经验。只要表现出自己的信心和良好、健康的一面，就可以摆脱不必要的紧张和恐惧。

（二）问题准备

模拟可能出现的问题，并尽可能以最佳的状态进行角色模仿。这样的准备可以帮助求职在面试中清晰地表达自己的真实想法。

（三）知识准备

熟悉与申请的职位相关的专业知识和业务技能。通过表现出对知识的掌握和理解来表达获得该职业的愿望。如果想受雇于一家跨国公司或外国公司，还应该做好用外语交流的准备。

（四）信息准备

全面了解用人单位的性质、地址、经营范围、经营业绩和发展前景，以及用人单位所考查的专业知识和技能。单位性质不同，求职者面试的重点也不同。如果是公务员面试，它的内容和要求与企业有很大的不同。一位资深的公司人力资源主管说："面试时，我们都会问求职者对我们公司了解多少，如果他能很详细地回答出我们公司的历史、现状，主要产品，我们会感到高兴，会认为他重视我们公司，对我们公司也有信心。"同时，还应通过熟人、朋友或相关部门了解考官面试当天的情况以及面试方式、流程和时间安排，询问是否可以向你提供一些说明材料。

（五）语言准备

大学生应自觉加强语言表达能力的训练，培养与陌生人自由交谈的习惯。多参加集体活动，课堂讨论大胆发言，有利于言语能力的提高。工作面试不同于闲聊。每句话，每一个词，甚至每一个字都要选好。如果求职者参加面试时张口闭口谈论"你的公司"，听多了肯定会引起别人的反感，应该礼貌而有礼貌地说"贵公司"。

（六）出行准备

在面试前一天，应提前了解面试的地点，并查询出行的路线和时间。不同出行方式所花的时间不尽相同，但均要留出候车时间和到达面试区域后寻找面试单位和面试室的时间。尤其是在上班高峰期去面试，更要充分考虑交通拥堵的时间。一般情况下，我们建议宁愿在面试地点等候，也万不可迟到。适当早到，会体现出求职者对面试的重视度，也会给面试单位的人员留下较好的印象。

（七）材料准备

在面试之前，应准备好自己应聘该单位该岗位的简历。简历的份数可以适当多准备，一般情况下，单位参与面试的面试官人数不多于 5 人，求职者可准备 8~10 份简历备用。除了简历之外，应届生求职者还应当准备好自己的成绩单、毕业证书、学位证书、英语等级证书、计算机等级证书、在校期间重要获奖证书、参加职业能力培训等活动的结业证书、相关证明材料等。这些材料在面试时不一定会用上，但很多单位人力资源部门会在面试前对简历中的信息进行核实。

二、求职礼仪

求职成功的技巧可能就在一些并不被人注意的细节里面。一些行为的细节往往能反映一个人的全面素质或在某一方面的专长，注意言谈举止的求职者往往能给对方留下美好印象。因此，大学生一踏进用人单位的大门就必须注意小节、小事，从各个方面表现求职诚意，积极而有分寸地表现自己。

（一）着装

1. 色彩搭配

灰色、黑色和白色在服装的配色方案中扮演着重要的角色，几乎可以和任何颜色搭配。

2. 体形搭配

在现实生活中，并不是每个人的体形都十分理想，人们或多或少地存在形体上的不完美，或高或矮，或胖或瘦。根据自己的体形来挑选合适的衣服，可以扬长避短，体现服装美和人体美的和谐统一。

一般来说，身材较高的人，上衣应适当加长，配以低圆领或宽松的袖子、宽大的裙子、衬衣；身材较矮的人，不宜穿大花图案或宽格条纹的服装，上衣应稍短一些，使腿比上半身突出，服装款式以简单直线为主，上下颜色保持一致。体形较胖的人，应选择小花纹、直条纹的衣服，力求简洁，中腰略收，不宜采用关门领，以"V"字领为佳；体形较瘦的人，应选择色彩鲜明、大花图案或方格、斜格的衣服，以给人以宽阔的视觉效果。

3. 男生正式场合衣着

男生服饰以表现稳重专一、令人信赖最为重要。西服以其设计造型美观、线条简洁流畅、立体感强、适应性广泛等特点而越来越受大学生青睐，正式场合穿着一套得体的西装，无疑会为自己的形象加分。

（1）西装上衣及长裤

西装按扣扣子的方式可以分为单排扣西装和双排扣西装。对于双排扣西装，站立或行走时要把扣子都扣好，坐下时可以解开扣子，但起身时必须尽快把扣子扣好。对于单排扣西装，如果是三粒扣款式，可以扣上一粒或中、上两粒扣子，不能扣下一粒扣子；穿单排两粒扣西服时，只能扣上一粒扣子。

正式场合的西服颜色以深色为主，黑色、深灰、深蓝和藏青色系都是适当的选择，同时考虑穿着者的体型。较为矮小或瘦削的男士可以选择灰褐色、银灰色系的西服，这些颜色在视觉上有膨胀的效果；体形较胖的男士可以选择深色一点的西服。素面的布料是最安全的选择，如果要用有花色的布料，体型瘦小的男士可以选择大格子的花色，体形较胖的男士可以选择细直条纹的西服。

正式西装中，长裤与上衣应是同样花色及材质，而半正式西装可以搭配不同的长裤，但颜色和材质最好还是与上衣色系相近或略深一些。穿着长裤时应注意裤长合宜，裤管太长会显得没有精神；裤管太短，坐下时露出小腿，则会显得十分不雅。西装的上衣口袋里尽量不要放东西，口袋的袋盖要保持平整，长裤两侧和后面口袋最好也不要放太多东西，保持口袋的平整。

（2）衬衫

穿西装时，里面穿长袖衬衫。衬衫袖子长度以臂部自然下垂刚好盖住手腕为宜，袖口应露出西服长袖 1~2 厘米。

衬衫的颜色和花色要与西装搭配。穿深色西装时，里面宜选浅色衬衫，色系与上衣相近。白色衬衫是最常见的选择，搭配各种颜色的西服都不会显得突兀。直条细纹的衬衫可与素面西服搭配，太花哨的衬衫不适合和西服搭配。

（3）领带

男生穿西服在正式场合必须打领带。领带是男士服饰中变化较多的配件，展现着不同的个性和品位。选择领带也是很有学问的。穿着深色西装时，衬衫以浅色为主，而领带则以与西装同色系为佳。一般来说，暖色系的领带给人热情、温暖的感觉，而冷色系的领带常常可以表现出专业上的权威和冷静。具体如何选择，要考虑场合和自己的特点。

（4）鞋袜

穿西装务必搭配皮鞋，西服配搭球鞋、布鞋、运动鞋等在正式场合是显得非常失礼的。一般而言，西服最好配搭黑色皮鞋，或者配搭与西服颜色一致的皮鞋，如深咖啡色的西服可以配搭咖啡色皮鞋。皮鞋的鞋面及边缘要保持干净，最好是光亮可鉴的，不可有破损、裂缝等情形。

袜子要以深色为主，应与裤子、皮鞋同类颜色或较深颜色，而不能是浅色或者白色，运动袜也不适合与西装搭配。袜子不可有破洞，同时要清洁，袜头要松紧适宜，长度不宜太短，原则是坐下时不可露出小腿。

（5）穿着西装注意事项

在搭配上，西装、衬衣、领带最好有两样为素色。西服袖口的商标牌应摘掉。男士在出入正式场合穿西服时要坚持"三色"原则，即全身不能超过三种颜色。

4．女生正式场合衣着

"云想衣裳花想容"，相对于稳重单调的男装，女装鲜艳丰富多了，女性的服装因此显得丰富多彩。不过在礼仪范畴中，最重要的是因时、因地、合宜着装。在正式场合中，服装的基本配件以咖啡色、茶色或黑色较易搭配，衣服的搭配以整体、协调、舒适为主。

女生在正式场合可以着裙装、女士西装或者旗袍，裙子的下摆不要高过膝盖。裙装的选择视个人爱好而定，但还是要以大方典雅为宜。单色裙装在大多数场合都是合适的，点、条、格等图案力求简洁；不穿领口太低和过紧的衣裙，也不要选择过于薄透的面料。穿着裙装的时候，一般要穿袜子。挑选袜子有个原则：颜色不能比鞋子的颜色深，并且应与鞋子的颜色协调。

饰品对服饰可以起到辅助、烘托和陪衬的作用，但不可乱用。在数量上以少为佳，一般不超过三种。除了耳环和手镯外，同类饰物不要超过一件，否则会给人凌乱之感。

大量事实表明，求职者的外表、着装对于求职的成功与否有着直接的影响，这种"以衣取人"的做法似乎很肤浅，其实不然。我们生活在一个高度竞争的社会中，每一个单位都在力争上游。也正因为如此，多数单位都需要形象好的求职者。

在面试服装的搭配上应注意以下几点：

第一，着装与当时的环境协调；

第二，服装与服饰色调的整体协调；

第三，服装的款式要大方得体，不要穿太暴露或太短的服装；

第四，着装要注意合体性（包括款式和尺码）；

第五，着装的色彩不要太鲜艳，以冷色调和中间色调为宜。

为了保持服装的整洁，在穿衣服之前，要仔细检查一下有无破洞、开线的地方及有无纽扣脱落、缺损现象。应绝对避免穿着带洞、开线、纽扣脱落的衣服参加应聘，更不能穿着带有油污、汗渍、头屑的衣服。衣服的袖口和裤边不能卷起来，否则既不雅观也不礼貌。因此，着装时一定要注意细节，不可掉以轻心。鞋子也是服饰的重要组成部分。

女生求职时应避免的着装是：

第一，穿职业裙套装时配运动鞋；

第二，短风衣下面穿及膝的各式裙子；

第三，休闲衣或风衣配套装裙；

第四，在套装外面穿工作制服；

第五，冬天穿质感轻、薄的直身长裙；

第六，穿露肩、露背、露脐装或超短裙、健美裤或内衣外穿；

第七，在丝质透明外套内搭配颜色古怪或残旧的内衣，内衣边线不恰当地显露或凸显；

第八，穿白色裙、裤时穿深色内裤；

第九，裙子开衩至大腿。

（二）仪容

1. 头发

无论穿上多么漂亮的衣服，一头油腻的头发都会大煞风景，头皮屑则会使个人形象降分许多。对头发的基本要求是清洁，因此要经常洗头发。不论是男生还是女生，出门前对头发适当整理都是必要的。男生的头发以短为佳，且不要留过长、过大的鬓角，最好不要将头发染成黑色以外的其他颜色。

2. 眼部

如果眉型较为杂乱，可以适度修整，看起来会更容光焕发。大学生看书较多，对眼睛的适度保养是非常必要的，应常备保健型的滴眼露。另外，眼角的分泌物要注意清理，被人看到会很尴尬。

3. 口部

无论在什么场合，口臭都会让人们对你敬而远之，因此要注意口腔卫生，避免口臭。保持口腔卫生的最好办法是饭后刷牙，去除口腔内的食物残渣，养成吃东西后漱口的习惯也是非常必要的。如果就餐时吃了蒜和洋葱等食物，一定要漱口，有条件的可嚼几片干茶叶（用浓茶漱口亦可），或者喝一杯柠檬水，这些方法都有助于去除口腔中的异味。

4. 手部

要保持手部的清洁，清洁柔软的双手，在人际交往中能增添对方对你的好感。手部的美化，大多侧重于指甲的美化。指甲应常常检查是否过长，并保持清洁，指甲缝里不可留有污垢。女生选用指甲油最好是无色透明或自然肉色的，不宜用太过鲜艳的颜色。

5. 皮肤

大学生的皮肤一般来说都是较好的，但也要注意护理。女生尽量不要在公共场合化妆和补妆。

6. 其他

男生脸部以清爽整洁为原则，不宜蓄须。胡子要剃干净，一脸胡茬会给人懒散邋遢的印象。

鼻子容易出油，要注意经常用面巾纸按拭。此外，要注意及时修剪外露的鼻毛。

耳朵是容易被忽视的地方，在清洁时也要留意，要定期清理耳垢。

脚趾也是容易被忽略的，在正式场合中，男女都应该不露脚趾。在休闲场合，可以穿露出脚趾的鞋子，但需要注意脚趾的清洁和趾甲的修整。

（三）语言技巧

俗话说，话不投机半句多。面试时，求职者既要清晰表达出自己的想法、特长、期望及与岗位的匹配度，又要尽可能地突出自己，让考官了解求职者的同时下定录用求职者的决心。在此过程中，语言的表达技巧非常关键。

1. 语言简洁、表达明确

要讲普通话，语气要坚定。不要用"还可以""大概""也许"等不确定的词，表达的意思要一步到位，不要让别人推测你所要表达的内容。表达要流利，用词要得当、有组织、有条理，要言之有物。除了很重要的话以外，要避免过多地重复，否则会让对方觉得你的思维混乱或说话啰唆。在说话时要注意不要过多使用俚语或口头禅。要避免过多使用语气词、口头语，如"这个""不过""那么""就是说""嗯哼""啦"等，或者在英语表达中使用太多的"well""and""you know""OK""yeah"等，这不仅有碍于人们的连贯理解，还容易令人生厌。同时也要避免使用最高级的形容词，如"最好的""最强的"。说话要留有一定的余地，对方也容易接受。在语言沟通中，尽量使语言表达体现自己的特色和个性风采，这样更能达到理想的交流效果。雇主都希望雇佣性格好的人，尤其是充满热情和活力的人。

2. 语速适中、注意停顿

说话口齿要清晰，咬字要准确，措辞要文雅得体，语速要斯文稳健。说话时语速最好与别人保持一致，不要太快，否则不仅让人听不清楚，还会给人以压抑的感觉。适当地减缓语速更容易使人接受，还可以缓解紧张。但语速也不要太慢，慢条斯理会让对方着急，容易分散对方注意力。在应聘过程中，对语言停顿的把握是很多求职者忽视的。求职者应保持谈话中的沉默间隔，这不仅能有效掩饰你的紧张，而且可使对方觉得你是一位充满自信的求职者，也能为自己争取更多思考的时间。即使你对这次应聘做了大量的准备，对主考官所提的问题你都能迅速回答，也不宜脱口而出，一泻千里，而要稍稍停顿，把握节奏，不要让主考官觉得你的回答是在背诵精心准备的答案。

3. 语气平稳、语调得体

在谈话中，语调也是相当重要的一方面。适当改变语调，可以使同一句话听起来更动人。同一个句子，用不同的语调处理，可以表达不同的感情，达到不同的效果。求职者的语气要愉快而充满活力，声音要有感染力，千万不要让别人感到你的声音毫无感情。悦耳的声调有助于增进人际关系，缩小和他人之间的距离。富于变化的抑扬顿挫总比生硬平板的语调感人，得体的语调应该是起伏而不夸张，自然而不做作。

4. 语音自然、音量适宜

音调适当低一点，听起来会感到真切自然，这有利于缓解紧张情绪，提升求职者的职业形象。在应聘前应保护好嗓子，防止感冒，以免声音沙哑或鼻音过重，造成声音不清楚、瓮声瓮气。音量应以主考官能听清为宜。喃喃低语是没有自信的表现，而嗓门过大会使人听起来不舒服，且有咄咄逼人之势。用相对沉稳的声音说话，会赢得对方更多的好感与尊重。

5. 多谈对方、少谈自己

许多人在应聘应答时总是大谈自己如何如何，这种应答方式容易引起主考官的心理抵触。比如主考官问："你为什么要来应聘我们公司呢？"一般人多从自己的愿望入手，如果回答是以公司需要与自己长处相结合，就能使对方感到你尊重公司，关心公司的需要，愿为公司的发展竭尽全力。

6. 适度幽默、适当提问

在应聘交谈中，适度的幽默能给人留下开朗活泼、朝气蓬勃的印象。说话幽默是以含蓄、凝练、机智、风趣而又诙谐的话语揭示生活中的矛盾或哲理，令人发出会心的笑，而不是以庸俗、低级、无聊、华而不实的语言哗众取宠，也不是讽刺、挖苦、揭短，更不是贬低别人。黑格尔曾说过，真正的幽默应该是"无拘无束地、自由自在地、不着痕迹地信步漫游，于无足轻重的东西之中见出最高的深刻意义"。另外，应聘中也可向对方适当提问。有些求职者可能担心，应聘中主动问面试官问题合适吗？面试官是否会反感？其实这种顾虑是多余的。在应聘中求职者提问不仅是应当的，而且是必需的，很多面试官希望求职者提问题，关键是看你提什么问题。如果你涉及的大多是待遇之类的问题，面试官有可能不高兴。如果你问的问题更深入，更关注于工作本身，这不仅表明你对这份工作有奉献精神，也表明你有能力胜任这份工作。

（四）行为举止

在就业过程中，行为的肢体语言也传达了很多信息，如面部表情、姿势、动作，甚至声调、语调、停顿、沉默等都能表达不同的信息，反映出一个人的内心世界。

1. 间距

每个人都有自己的空间，人与人之间要保持适当距离。在面试时，求职者和面试官一定要保持一定的距离，留下适当的空间，不适当的距离会让考官感到不舒服。曾有媒体依据关系亲疏的差别将人与人的距离分为三种：在46厘米以内为亲密距离，46～122厘米为私人距离，122～213厘米为公务距离。

2. 站姿

在站立时保持优美挺拔、精神饱满的外形，要领是头正，颈直，下颚内收，嘴闭，眼睛平视，两肩平直，双臂自然下垂，挺胸收腹，腿直，膝盖相碰，双脚相对或脚尖适度分开（一般不超过肩宽），身体不要抖动。如果是站在椅子边，应尽量站在椅子的左边。站立时手尽量不要插在口袋里。也不能背手，因为在应聘中背手的动作会给人一种狂妄自大的感觉。更不能只靠一只脚站着，以免人歪肩斜，给人没有站相的感觉。

3. 走姿

良好的步态应该是自如、轻盈、敏捷的，切忌斜着身子或晃着肩膀走，更不能左顾右盼、挺着肚子、仰着脑袋，也不要拖出过重的脚步声。不要走八字步，两脚间距离不要太宽，要绕过而不是跨过障碍物。行走中应该主动让路，帮助别人拿东西或开门。走路不要太快或太慢，尽量与别人保持一致。当与主考官或工作人员同行时，不要超前，保持平行或略靠后可以显示礼貌。

4. 坐姿

求职者应有良好的坐姿，挺胸抬头，双眼平视，并将身体稍微前倾以表示对面试官的尊重，使应聘中的沟通和接触能够顺利进行。如果不自觉地将身体后靠，身体转来转去，侧着身子对着对方，或两条腿不停地晃动，会让面试官觉得你对这个话题不感兴趣或不重视，是一种失礼的行为。坐时应保持上身的正直，不可瘫坐、靠坐、歪坐。就座和起身一般都是从座位的左边进出，动作要轻。坐下时腰腿部肌肉要有紧张感，两臂放在膝上，不可交叉在胸前。架二郎腿、双脚伸出、张得太开、放松成瘫软状都是很不礼貌的表现，双腿并拢则给人以太拘谨的感觉，双腿交叉给人的感觉是很难看。最好是男士两脚平行稍稍分开，女士双膝并拢稍向一边倒，手放膝上。但在现实中有很多人交叉双腿是无意识的动作，往往是坐下来又不自觉地交叉起来。因此，在求职的时候一定要有意识地提醒自己，不要跷二郎腿，以免面试官认为你是一个自高自大、没有修养的人。

5. 手势

在应聘过程中，适当使用手势具有加强语言表达和生动形象的效果。在应聘中，你面对的是不熟悉的面试官，他有什么忌讳是你所不知的，这时你最好减少一些手势。此外，有些手势，如用手指指人等，是不礼貌的举止。如果你需要向面试官指引什么方向，可以用手掌"请"的手势代替用手指的手势，特别是指向人时，这样更礼貌一些。当指引面试官看你的资料时，一般不要用手指指引，而要用一支笔，否则他的视线也许会被你的手所干扰或遮挡。如果你在应聘中将两只手拧在一起，似乎在向面试官说明你很焦虑；如果你双手抱胸或拿着什么文件夹之类的放在胸前，则是一种高度防卫的姿态，有藐视、自卫、抗拒、封闭之意，给人以不信任感和对立感。此外，抓耳挠腮、用手撑头、手握成拳、用手托下巴等都反映了你对这次应聘的不适应与紧张。因此，要改掉这些习惯，平时多加注意和训练，使手势在应聘中表达你的诚实和坦率。

6．握手

握手是应聘中最重要的身体语言之一。手与手的礼貌接触是建立第一印象的重要开始，求职者在应聘开始和结束时一定要善于运用握手这一重要的身体语言方式。握手要坚定，不要只是手指握手指，而应是整个手掌接触，要向对方传递出力量、自信、真诚和友情，通过握手让别人了解你是怎样的一个人。握手的正确姿势是伸手时身体前倾，握手要坚定有力，但不可过分用力。握手时，将整个手臂摆成"L"形（90度），有力地握两次手，然后让手自然下垂。双眼要看对方的眼睛且面带微笑，自信地介绍自己，这是你们的身体与心灵交流的一次机会。即使你是位女士，也要表示出坚定的态度，要在面试官的手朝你伸过来之后马上就握住它。应聘时握手的时间应比平时长一点，以表达你的热情和坚定，很快撤手会让面试官觉得你只是在应付，显示你的胆怯和对别人的不尊重。握手用力过大或是时间太长又显得你过于紧张，会让对方感到恐惧或是不舒服。松开手之前要说"见到您很高兴，谢谢您给我这次机会"等礼貌用语。一个好的握手会创造一个平等和信任的氛围，你的自信会显示你有能力并且愿意做任何事情。

第三节　面试中的技巧

在面试的过程中运用一些技巧，往往是面试成功的重要因素。面试的各个环节都有一些技巧。

一、回答问题的技巧

回答问题是面试最基本的环节构成。如何回答问题直接影响着面试的结果。

（一）弄清提问内容，明辨问题背后的问题，切忌答非所问

如果面试时没有听清楚问题，或难以理解面试官的问题，应把不清楚的

问题弄清楚。事实上，所有的问题最终都归结为这样一个问题，即："为什么我们应该录用你？"如有些问题是想了解你的个人生活，实际上担心你的家庭会干扰你未来的工作，所以你应该有意识地避免给主考官留下这样的印象。应该注意的是，在面试中当遇到不懂或不知道的问题时，避免闪烁、沉默、牵强附会。不懂装懂的做法不可取，诚实与坦率承认自己的缺点，会赢得考官的信任和善意。

（二）站在主考官的立场考虑问题

主考官的责任重大，其所选择的必须是众多求职者中最棒的。"你确实有能力做这份工作吗？""你有什么独特的地方吗？""你能融入我们公司的文化氛围吗？"这些问题时常是主考官提出的。作为求职者，不能表现得仅仅及格，而应该超越工作所要求的标准。

（三）把握重点，条理清楚

通常，求职者在回答问题的时候要先得出结论，讨论之后，也就是说要把自己的中心意思表达清楚，然后再进行叙述和论证；否则，长篇大论，会让人不知所云。此外，面试时间是有限的，如果求职者太紧张，说太多的冗余的话，很容易出现题外话，会冲淡主题；另外，面试官提的问题是想知道求职者的具体情况，不能仅仅只有"是""否"的答案，应该针对不同问题给出答案和一些需要解释的理由。过于抽象的答案，往往不会给考官留下具体的印象。

（四）回答要体现自己的独到见解

面试官对同样的问题可能问了很多次，相似的答案也可能听了很多遍，会产生枯燥、乏味的感觉。因此，只有具体而新颖的见解会引起他们的兴趣和注意。此外，也不排除面试官故意问一些不礼貌或尴尬的问题是为了"敲打"面试者，测试其"适应能力"和"灵活性"。

（五）适当提出自己的问题

在面试过程中，面试官通常会问应聘者是否还有其他问题。此时应聘者可以适当问一些问题。一定不要轻易说"没有问题"。把自己的问题集中在雇主的需求以及自己如何满足他们的需求上。问与工作任务和职责紧密相关的问题是非常有效的推销自己的办法。

二、危机应对的技巧

（一）应对讲错话的技巧

人在紧张时很容易说错话。如果讲错的话无关大局，无伤大雅，就不要太在意，继续专心应对下一个提问。经验不足者说错话时往往会心慌意乱，懊悔万分，越发紧张，接下来的表现就可想而知了。这是不成熟、不庄重的表现，明智的做法应该是保持镇静。人人都会出错，没有必要紧张，既然已经说错了，着急也没有用。如果说错的内容比较重要，或者因此会得罪人，就应该立即纠正错误，给对方道歉。承认和改正错误是勇敢的表现，需要相当的技巧。面试官经常会被求职的诚实勇于承担错误的方式所打动。

（二）应对不清楚问题的技巧

面试官提出的问题，求职者听后有时不知道如何回答，这个时候可以轻轻地问面试官是否指的是某个方面的问题，如果真的不清楚如何回答，应该如实地告诉面试官自己没有接触这方面的知识。作为面试官，他可以理解你的回答，因为世界上没有人什么都懂，而且，实话实说也可以给主考官留下坦诚的印象。

（三）应对几位面试官同时提问的技巧

遇到几位面试官同时提问，一些经验不足的求职者会胡乱地选择其中部分问题加以回答，结果自然不能让所有面试官都满意。在这种情况下，既要逐一回答又要显得有礼貌。一般应先回答主考官的问题，当然，你也可以按照问题的顺序来回答。回答问题的时候，一定要看着提问的面试官，但是要让其他面试官觉得你是在和所有的面试官交谈。

（四）应对精神紧张的技巧

适度的紧张可以促使求职者把更多的精力放在面试上。但如果过度紧张，则对面试极为有害，不仅使求职者注意力不集中，甚至可能将事先准备的内容忘了。以下是几种缓解精神紧张的方法。

1. 节奏控制

掌握说话节奏，不能太快，快易出错会乱了阵脚，造成心理紧张；也不能太慢，太慢会引起主考官听得不耐烦，继而又引起自己的慌乱。

2. 转化控制

不要把一次应试失败看得太重，要洒脱些；同时暗示自己，其他的求职者也同样会紧张。

3. 泄露控制

经过以上努力，仍不能缓解紧张，最明智的做法就是坦白告诉主考官，例如说："对不起，我确实有点儿紧张，可不可以让我先冷静一下，再回答您的问题？"而你也因为讲了出来，觉得舒服多了，紧张程度大大减轻。

4. 缓解控制

面试前，可进行自我鼓励，心里默念："我能行，我能行……"同时可以在手掌上写下"我不紧张"的字样，这样会使紧张的情绪得到缓解。

5. 冷静控制

挺直腰，身体微微前倾坐在椅子上，做深呼吸，或用机械的方法自控，如咬紧嘴唇、手捏肌肤等，运用触觉刺激在大脑皮层引起的强烈兴奋，对已有的情绪兴奋起负诱导作用，从而达到冷静控制的目的。

三、薪资谈判的技巧

（一）掌握好薪资谈判的时机

作为一名求职者，首先要向雇主展示自己的才能，等到面试官有了录用的意图之后，再谈薪水。谈工资的最佳时机是在你认为雇主已经基本同意了之后。此时谈谈工资问题，用人单位会理解你的，因为只有明确工资问题，才不会在今后的工作中造成麻烦。

（二）根据自己的职位合理进行薪资谈判

1. 有工作经验的求职者应提出一个合理的范围

了解基本工资和全额工资的区别，以及公司的工资结构。

2. 没有工作经验的求职者依公司规定

对于没有经验的新员工，大多数公司都有非常明确的起薪。

3. 迂回出击

在面试中涉及薪酬年薪时，要采取迂回策略，旁敲侧击地打听，对方的薪酬基本摸清后，再委婉地向对方提出自己的薪酬要求。

4. 要求在劳动合同内写清谈妥的工作条件和工资报酬

请用人单位将工资、福利、工作条件逐项填写在劳动合同中，并用黑白文字清楚记录，以免日后产生误解或纠纷。

5. 要力争高工资

如果你对自己的整体薪资和福利待遇不满意，你应该试着去争取更多。有些公司会在薪资谈判中留出一定的空间。只要他们在合理的谈判范围内或在合理的预算之内，雇主通常愿意让求职者满意。

四、面试禁忌

（一）忌无礼貌

不嚼口香糖，不抽烟。与人谈话时，口中吃东西、叼着烟都会给人不庄重的感觉，也显得不尊重对方。不要随便乱动办公室的东西。

自己随身带的物品不可放置在面试官办公桌上，公文包、大型皮包可放置于座位下右脚的旁边，小型皮包则放置在椅侧或背后，不可挂在椅背上。

（二）忌妄自菲薄、患得患失

招聘单位所招聘的岗位和专业很有可能与自己所学专业或以前所从事的不同，此时千万不要把自己局限在原来的小世界里等着一个小角落。只有增强自信，勇于挑战自我，跨越自我，及时调整心态，适应周围环境，才能到达成功的彼岸。更重要的是，勇敢选择想要工作的职位，并且展示自己的优势，说明能胜任该职位。

（三）忌好高骛远、不切实际

找到一个理想的职业是每个求职者的愿望，也是无可非议的。但是美好的愿望应该根植于自身的品质和客观现实之中。审视形势，准确定位是求职成功的关键。眼高手低是找工作的禁忌。

（四）忌情绪激动、弯腰垂头

稍微有肢体语言的出现是自然现象，但情绪过分激动，肢体语言夸张会让人厌恶，所以，手轻握放在膝上是最自然、标准的。

弯腰垂头不但显得没朝气、精神不振，也会令人觉得你对此次面试缺乏兴趣。正确的姿势应是腰杆挺直，双手放置在适当位置。

（五）忌口头禅

有些人在交谈中非常爱说口头禅，诸如"我认为""也就是说""然后""绝对""没问题"。不管这些话是否与所说的内容有关联，说多了，不仅影响说话的效果，而且还很容易被别人当作笑柄。

（六）忌目光飘忽

求职者在面试时切忌目光飘忽不定，目光飘忽容易让面试官认为求职者对面试不重视。如果想让对方注意你说话的重点，可看对方的眼睛。眼睛和嘴一样都可说话，如目光朝下，不敢直视对方说话，则表示没信心。一般而言，直盯着对方的眼睛说话较失礼。所以最好的方式是看对方的嘴说话，特别想强调某一部分时再看面试官的眼睛。

（七）忌主动报有熟人

求职者在面试时切忌主动说出"我认识你们单位的××""我和××是同学，关系很不错"等，一般情况下，这种话面试官听了会反感，如果面试官与你所说的那个人关系不怎么融洽，你这话的效果可能会适得其反。

（八）忌不实语言

避免五种不利于求职成功的语言：言过其实、自卑、自负、哀求和恭维。"我很有决心，决定破釜沉舟，干一番大事业。"——这样自负的话会让面试官觉得不实在。"我父母下岗，家里全靠我支撑，请给我一次机会。"——这样哀求的话也不可取。因为企业挑选人是为了创造价值而不是施舍；过分谦虚自卑，会给人没有主张、懦弱胆怯的印象。

（九）忌家长陪同

还有一点需要说明的是，有些毕业生喜欢由家长或其他亲属陪同到面试现场。更重要的是，一些父母会帮孩子填写表格，介绍信息和回答问题。他们担心自己的孩子不能正确处理面试问题，失去工作机会。然而，这可能会让面试官怀疑：一个凡事都让别人做的人，能够独立处理工作压力吗？

第四节 面试常见问题及回答思路

常见的面试问题和回答思路如下：

1. 请介绍一下你自己。

这个问题看似简单，但回答时，不能以"这些我在简历中都已经写得很清楚了"作为回应，不要重复简历上的细节。因为用人单位主要是想通过这个问题判断你的综合能力和表达能力，因此，你必须用简洁的语言，介绍自己在学校期间学习和掌握的知识和技能、获得的成就，以及你的主要素质和专业等基本情况。通过巧妙地阐述自己的性格特点和申请的工作之间的联系，就可以把回答问题变成展示自己的好机会。

2. 你为什么希望到我们单位来？

回答这样的问题，可以从单位的角度，如工作环境、工作性质是如何有利于自己的发展等；要以职业发展为主题，谈谈你对这项工作的理解。不要过多谈论福利，否则面试官会认为你目光短浅，只关心短期利益。

3. 你在学校学了哪些课程？哪些科目和你所申请的工作有关？

回答这样的问题，当然不是把所有课程都讲出来，只要将重要的课程（如主要基础课程、专业基础课程和申请工作相关课程）说出来，也可以着重介绍如何喜欢这些科目，课外学习了哪些与这些科目相关的书籍等。

4. 你在哪些方面有特长？有什么兴趣爱好？

这个问题的答案应该是实事求是的。特长和爱好要清楚，不能夸大其词。如果你没有任何特殊技能或兴趣，说一些你喜欢的东西，但不要编造，因为面试官可能想要更详细地了解。

5. 请你介绍一下你的优点和不足。

这个问题的主要目的是了解应聘者，以便单位在聘用你后更好地安排工作，并看看应聘人员对自己的评价是否良好。在回答这个问题时，应聘人员应该实事求是地介绍自己的优点和缺点，包括品德、行为、学习成绩、生活习惯等。清楚自己的优点，但不要过多谈论它们；不足之处也要明确，大部分单位的用人单位不会因为你说了自己的不足而影响录用你。当然，在介绍自己的缺点时，要注意如何表达它们。假如你在学校里受到了什么惩罚，也要说清楚，千万不要欺骗人，而是可以从自己有什么经历、什么教训等角度谈谈。介绍完后可补充一句："由于自己还不很成熟，自我评价可能不完全准确，如有可能，还请通过学校再了解。"

6. 你是否打算继续学习？

有的单位希望你们继续学习，有的单位希望你们安心工作。当你回答这个问题时，你可以说明你想继续你的学习，但你必须说明你将把你的工作放在第一位。如果有必要，你可以在工作中学习，不必为了继续深造而放弃工作。

7. 你喜欢你的学校吗？你认为你们老师如何？

这个问题往往是为了考察毕业生的个人品格。作为一名大学生，尊师爱校是应有的品质，很难想象一个不爱自己母校的学生会热爱自己的工作单位。毕业生应从正面去介绍学校，说明自己喜欢学校的原因，着重说明自己喜欢的老师在学业和为人上对自己的影响及帮助。

8. 你喜欢什么样的领导？

这个问题尽量从正面回答，不要回避，不可以说"不知道"或"都行"。如果毕业生对用人单位比较了解，可以按照他们的特点作答。如果对用人单位的负责人毫不知情，只能按照公认标准回答，如"喜欢有能力、比较公正的领导"等。

9. 你为什么学这个专业？

这是一个自由形式的问题，经常会在面试中出现。这个问题的主要目的是调查毕业生对其专业和未来工作的态度，了解他们对职业的长期规划，了解他们的思考能力和独立性，了解学习动机和家庭对他们的学习和未来工作的影响。一般来说，不管专业与工作有没有关系，都不应该回答不爱专业、讨厌专业等，可以谈谈除了喜欢这个专业，还喜欢其他几个相关的专业。

10. 你如何看待本单位？

这个问题的主要目的是测试求职者对单位的关注程度和原因。有的面试官甚至提问说单位的福利待遇不高，或者工作很辛苦很忙，来测试你是否有心理准备。这个问题的答案应该直截了当，表明你对这份工作和未来的发展比对福利和工作条件更感兴趣。有些毕业生在遇到这样的问题时，总是显得很急躁，大谈什么"贵单位是我梦寐以求的"，"这是个举世闻名的跨国企业"等，一味地赞赏是不明智的，可能会导致面试官的反感，认为求职者只会溜须拍马、阿谀奉承却未见实实在在的内容。其实，不管以前是否了解单位，都可以客观地说出自己的感受和印象。对用人单位存在的不足，可以用委婉的方式说明，不要全盘否定，这样能够表现自己的气度和修养。

11. 你是否愿意做常规工作？

这是一个试探性的问题，目的是观察毕业生的反应，判断毕业生对工作的态度。毕业生可以向面试官说明，自己能够理解用人单位需要有人做常规工作，在自己能够完成更重要的工作之前，做好常规工作有助于自己事业的发展。

12. 你如何看待向年轻的领导汇报工作？

这个问题是考察毕业生是否虚心，是否具有团队精神。作为用人单位，希望毕业生是自觉性强的专业人员，可以与周围的同事团结协作、和睦相处，并就工作中出现的问题向领导或者老同志请教。毕业生最好的回答应该包括两个方面：一是自己愿意接受别人的领导，甚至批评，在工作中不带任何不满情绪，这样领导才可以更好地开展工作；二是自己从不根据他人年龄、性别来确定自己的工作态度，只要做出的决定是正确的，就应该绝对服从。

13. 我们以前也想从学校招人，但都不理想，不知你有何不同？

这个问题是为了考察毕业生的自信心和分析能力。可以先问清楚面试官所碰到的那些人具体有什么问题，只有清楚了解问题所在，才能有的放矢地描述自己的与众不同。

14. 你觉得你的条件与本单位的要求有哪些差距？

这个问题旨在考核两个问题：一是观察毕业生的应变能力；二是毕业生确实存在某些缺憾，但又具备用人单位十分看重的部分素质。面试官提出这个问题，目的在于看毕业生能否说服主考官接受自己。其实，提出这个问题，往往说明面试官对毕业生有兴趣，所以千万不要大失所望，一定要处变不惊。可以向面试官表明自己确实存在一些弱项，但自己具备用人单位所需要的强项，同时表明自己勇于接受挑战的决心和信心。

15. 你谈恋爱了吗？你如何看待大学生谈恋爱？

面试官用这个问题来考察毕业生的成熟度和处理生活事务的能力，以及他们的人生观和价值观。毕业生对问题的前半部分应该如实回答，对后半部分的回答应有比较客观的态度。有的毕业生在回答这个问题时，大谈恋爱的好处，如恋爱可以促进学习，不会压抑人性等，这是不妥当的，也是不成熟的表现。毕业生可以从两个方面来阐述自己的观点：一是大学生都是年满 18 周岁的成年人，有自己的行为能力，能够对自己的行为负责；二是作为一名在校大学生，主要精力应该放在学习上，而且学生尚不具备独立的经济能力，因此是否谈恋爱也应根据个人情况而定。

16. 你今后想要达到什么职位？

这是一个志向问题，它考核毕业生对未来职业生涯的规划设计能力、稳定性以及对职业的忠诚度。即将步出校门的大学生常常会落入主考官设的"陷阱"，将自己未来的事业目标定位为管理层，以为这样可以表明自己的雄心壮志。毕业生可以说明自己将来要发展的专业方向，表明自己要踏实、勤奋工作，将自己所学专业知识与用人单位的工作实践结合起来，把自己的事业发展计划与单位的发展相联系，在未来几年内，成为所在领域中的专业人士。

17. 你想要有多高薪水？

在面试官没有涉及薪资问题时，毕业生不要自报薪金价位。一般情况下，如果面试官准备录用毕业生，在面试结束前，必然会谈到薪资问题。若毕业生过分强调薪资、福利待遇，无疑会让面试官认为毕业生无远见、难成大器；如果不提及，又显得毕业生不是以真诚的态度来面试。同时，若不谈妥，以后工作中也会出现麻烦。在回答这个问题时，可以请面试官先说一个数字，再根据自身的资历及人才市场上的薪金行情进行客观分析，在此基础上给出合理答案。一般来说，应届毕业生与用人单位的薪资谈判不会有很大的余地。对毫无工作经验的毕业生来说，在员工的起薪方面，大多数用人单位都已有明确规定。

18. 你还有什么要说的？

这实际上是在告诉你，面试即将结束，对方的目的已经达到，你现在可以自由地陈述或提出一些你没有提及的有意义的东西。你应该利用这个机会通过提问或陈述来加强对方对你的印象，但要抓住重点，不要太长。回答完这个问题后，你应该主动说声谢谢，然后离开。

19. 其他的问题。

面试时还可能遇到一些特殊的面试题目，如："老板叫你去跳楼，你跳不跳?"这个令人困惑的问题因其荒谬、面试官的挑衅和"言语辱骂"而受到批评。但其实，面试应该给出什么样的话题，并没有硬性的规定，也没有统一的格式，可以说人不同，智慧不同。面对激烈的市场竞争，许多单位对人才的需求正在发生深刻的变化，对人才素质的要求也越来越高。除了具备特殊技能外，还应能从容面对各种困难，积极妥善解决棘手问题。面试与笔试最大的不同在于考察应聘者书本以外的知识和能力，考察一个人的素质、潜力、创造力、适应能力等，甚至包括通过"读字词"的自制力和情绪稳定性。因此，一些崇尚个性、重视员工创新能力的雇主，往往会提出一些看似与所应聘的工作无关的问题，甚至会"出现"一些奇怪而棘手的面试问题。以"跳楼"为例。与会说话的机器人相比，许多雇主更喜欢一个自信的下属。"老板叫你跳楼。你会跳吗?"这样的问题可以从另一个角度来考察求职者是否有独立的人格。

第九章　旅游类专业职业生涯规划教育

第一节　职业生涯规划教育的意义

一、旅游类专业大学生职业生涯规划教育对学生个体发展的意义

旅游类专业大学生职业生涯规划教育可以激发学生的自身潜能，提高其专业实力。

首先，旅游专业学生在确立职业目标后，会继续进行自我感知和自我反思。通过不断探索，明确自己在旅游行业的定位，发挥自己的专业能力。其次，建立旅游职业规划有利于学生的自我激励。人一旦有了奋斗的目标，就会奔向目标去激发自己的潜能，在每个阶段都会追求成功，才能把这个职业理想变成自己未来努力的方向。最后，旅游专业的学生，职业规划的目标将使他们能够不断发现和创造各种有利条件，所以当他们进入旅游行业，可以提高他们的职业竞争能力，充分发挥他们的专业能力和专业素质，不断实现职业目标和理想。

因此，旅游专业学生的职业生涯规划是学生个体发展的重要基础。特别是在当今严峻的就业形势下，职业生涯规划的现实意义更加突出。学生可以从入学时就开始关注和思考旅游业的就业形势和职业需求，在专业的职业要求上规范自己，结合自己的特点和条件来规划自己的所学专业和大学生活，从而实现学业和职业的良好对接，实现个人和职业的良好匹配，最终提高学生的专业能力和工作满意度，在激烈的旅游行业竞争中得到生存和发展。

二、旅游类专业大学生职业生涯规划教育对学校整体发展的意义

在旅游类专业的职业生涯规划过程中，由于专业的特殊性，旅游专业强

调实践的重要性。这就要求旅游院校要更加重视拓展学生的实践能力，加强旅游企业和学生之间的沟通和联系，做好桥梁工作，创造条件让学生实践，这样学生可以知道自己的条件，进一步了解旅游企业的环境。此外，学校还应根据旅游市场的变化和旅游行业对专业人才的需求，对教学课程和设置进行有针对性的调整。

旅游类专业职业生涯规划教育的开展也有利于提高学校的就业率和知名度。在当前形势下，旅游类专业大学毕业生的就业压力也在不断增加，职业生涯规划教育可以帮助学生提高他们的职业能力和内在素质，增加求职成功的可能性，推动学校就业率的上升。

三、旅游类专业大学生职业生涯规划教育对社会发展的意义

旅游类专业大学生职业生涯规划教育的开展，可以提高学生个人和职业的匹配度。学校在促进就业的同时，也必须满足旅游市场对旅游专业人才的需求，提高学生个人旅游专业能力与素质，减少社会人力资本的浪费，以满足社会经济发展的需要。

目前，随着国民经济的不断提高和旅游业的快速发展，旅游企业需要各类人才。企业只有了解员工的个人职业发展规划，才能对员工进行有针对性的培训。同时，对旅游类专业大学生进行职业生涯规划教育，也有利于企业自身的社会目标的实现，将个人目标引导到有利于旅游业发展的轨道上，可以在实现企业目标的过程中实现个人目标，也在一定程度上促进社会的稳定与和谐。

第二节　职业生涯规划教育的原则

一、坚持个性化原则

学生在做出职业生涯规划决策时，必须分析自身的特点，明确自己的发展需求，充分考虑自己的个性、兴趣爱好，综合各方面因素来决定自己未来的发展规划。

个性化原则应该包括两方面的含义：第一，个人要根据自己的特点进行职业生涯规划，包括个性、兴趣、能力、人生目标等因素。因此，在对自己的职业进行规划之前要对自己有全面正确的认识和把握，明确自己的发展方向，在此基础上制定的规划指导才能避免随波逐流，盲目攀比和嫉妒只会迷

失自己。第二，职业生涯规划应该是自己主观意志的反映，不应该受到他人的影响。别人的意见和建议可以考虑，但最终必须是由自己来做决定。

二、坚持实践性原则

旅游类专业学生的职业生涯规划必须坚持实践性原则，结合旅游行业的需求。就业选择本身是一种社会活动，必然受到社会各方面和各种因素的制约。旅游业作为一个实践性较强的行业，如果职业规划教育与行业的需求相脱节，将造成人才的浪费。旅游专业学生职业生涯规划教育应顺应当前旅游行业发展趋势，把握旅游行业人才需求的动力，并以此作为职业指导教育的出发点和归宿。只有这样，职业生涯规划才会更现实可靠，更具有实施的意义。

三、坚持教育的全程性原则

职业生涯规划教育本身的目的主要是促进学生的全面发展，帮助学生获得职业可持续发展的能力。它贯穿于人的一生，是一个长期的发展过程。在教育过程中，要贯彻终身教育的理念。目前，学校的职业规划教育只停留在职业指导的层面，旨在帮助学生获得就业信息和技能，而不涉及学生自主发展职业的能力。另一方面，学校对各专业实行统一的职业生涯规划教育，没有单独设置旅游专业的规划和指导课程，不能体现本专业的特点。这种目标设定必然会影响教育活动的实施和拓展。只有确立了正确的指导思想，教学活动才能顺利有序地进行。

此外，初入大学的学生容易受到家庭、学校、社会等各种外部因素的干扰，其学业目标、职业规划、职业理想和职业期望都不确定。在大学生活中，随着自我意识的成长，他们的知识水平和能力水平也得到了提高，使得他们可以在更加理性的基础上做出合理的职业规划。同时，随着社会的发展和变化，学生的情况和要求也在不断地调整和改变，学校的职业规划教育应该考虑不同阶段学生的特点，调整课程结构，尽早开展入学教育和专业特色教育，而不是仅仅停留在引导毕业生如何找工作的层面上进行就业指导。从本质上讲，职业生涯规划教育是根据大学生的特点，帮助他们理性地认识自己，找到自己的定位，增强自己的实践能力，完善素质体系，完成职业生涯设计，实现大学生成才的整体过程。

第三节 职业生涯规划教育实施的途径

一、从学生自身角度出发，树立职业生涯规划意识

（一）提高自我对专业的了解，培养对旅游行业所处环境的分析能力

个人在做出职业选择时，应该依据自己的兴趣，顺应时代发展和市场需求。对于是否适合从事旅游行业的工作，我们至少要考虑自己的个性、兴趣、能力和气质与旅游职业是否匹配。

1. 个性与旅游职业相吻合

旅游业是经济文化交流的平台，具有很强的时代感。学生在选择旅游行业时，应该考虑是否符合自己的个性。一般来说，性格外向的学生更适合从事旅游业。旅游业的竞争日益激烈，客人的需求越来越复杂，对旅游行业人员的工作要求也越来越高，从事旅游业工作不仅需要有丰富的知识和技能，还应该有良好的心理素质。

2. 兴趣与旅游职业相吻合

旅游行业在我国属于第三产业，是一种服务性劳动，这在一定程度上要求从事旅游行业的人员热爱本职工作，具有无私奉献的精神和严谨的工作作风。如果你对旅游行业没有一定的兴趣，便很容易产生抵触情绪，无法更好地为公众服务。相反，如果自身对旅游行业感兴趣，就会对工作充满热情，因为工作本身对自己来说充满了快乐。兴趣是最好的老师，是第一动力。因此，作为旅游专业的学生，必须不断培养自己对本专业的热情和兴趣，考虑自己的特点，进行自己的职业生涯规划。

3. 能力与旅游职业相吻合

旅游职业是一种脑力劳动和体力劳动高度结合的工作，工作强度大。因此，作为旅游专业的学生，需要不断提高自己的心理素质，了解工作环境，具备与旅游行业相匹配的能力和素质，不断进取，努力为游客提供满意的服务。

（二）提高自身的综合素质和专业能力，加强就业竞争力

首先，旅游专业的学生要注重专业能力和素质的培养。在确定了自己的职业方向和人生目标后，应不断提高自己的专业知识和业务能力，加强人际交往，努力达到旅游行业所需的专业技能。学生应该有意识地锻炼自己的综合能力，以满足旅游业的需求，因为职业发展需要的是综合能力，而不是某

一种能力。其次，学生应加强旅游职业素质的培养。因为企业之间的竞争主要体现在人才素质的各种竞争上。最后，大学生应及时调整职业生涯规划的目标和路线，做好各阶段的评估工作，并实时反馈自己的状态。

简而言之，学生职业规划的意识应该是基于客观的自我分析，综合考虑，充分发挥主观能动性，科学定位，不断加强职业能力，提高自身的综合素质，接受实践的检验学习付诸实践，加强监督和总结反思，进一步修订和完善职业生涯规划。

（三）强化自身的职业规划意识，建立对未来职业的长远目标

目前大学生就业难的主要原因之一是大学生在职业规划方面缺乏积极主动性，其规划意识有待进一步提高。大学处于个性发展的定型期，个性发展对学生的专业选择、知识建构、实践性增强起着决定性的作用。这段时期也是帮助学生找到职业目标，结合自身情况制定未来规划的黄金时期。很多大学生的职业规划和发展定位模糊，缺乏个人兴趣的培养，缺乏有针对性的旅游社会实践，所以学生毕业后会盲目就业。因此，大学生应该调整自己的心态，保持健康的心理素质，能够看到自己的优势，减轻心理负担，特别是对于旅游专业的学生来说，有必要以良好的积极态度来面对未来职业选择中的挑战。

二、从学校方面出发，加强职业生涯规划教育指导

（一）加强职业生涯指导规划观念，构建职业生涯规划指导相关体系

西方职业生涯教育成功的实践经验提醒我们，拥有一支专业的教师队伍是职业生涯教育稳健发展的不可或缺的条件之一。然而，我国高校现状是具有专业背景的指导教师较少，且多数教师"多角色"，在开展职业生涯规划教育时，很难系统地对学生进行教学和提供就业咨询。因此，学校必须扩大专业的教师队伍，加强师资队伍建设。首先，专业的职业指导教师必须以学生为主体，从学生发展的需要出发，时刻关注学生的实际情况，解答学生的困惑。当学生的心理状态出现偏差时，应及时纠正，引导学生树立积极的职业生涯规划观念，树立正确的人生价值观。其次，专业的专职职业指导教师应具备相应的职业咨询和指导资格，并通过专业系统的学习和培训，积累一定的经验，具备较高的专业能力和素质。最后，为了培养学生对职业能力的适应能力和进入工作岗位后的健康心理，教师自身必须具备良好的心理素质和较强的心理承受力。学生由于工作压力和社会适应能力差，在面对挫折和失败时普遍容易产生消极悲观的心理，如逃避、焦虑和恐惧，影响学生的身心

健康发展，因此，老师知道学生面临困难时，要及时对学生进行心理咨询、健康教育，避免悲剧的发生。

（二）将职业生涯教育贯穿大学教育的始终，对学生进行全方位的指导

学校应该将与职业生涯相关的教育理念和咨询服务纳入四年的大学生活。大学生职业生涯规划的不间断特征，要求职业生涯规划教育不是简单意义上的临时就业指导，而是贯穿于整个大学教育。大学生每个阶段的特点也要求高校在不同的教学阶段制定相应的教育目标，及时调整职业生涯规划课程的设置结构，选择合适的教学方法，开展全面的职业生涯规划教育。

（三）开展丰富多彩的教育活动，鼓励学生参加实践

开展校园活动可以丰富学生的大学生活，减轻学生的压力，让学生重新认识和发现自己。在活动的过程中，帮助学生将理论应用于实践，在探索职业前景的同时，选择一条既符合自身需求又符合社会需求的职业道路。开展兴趣活动式的大学生职业生涯规划比赛和其他活动有利于挖掘学生的潜能，使学生更好地了解自己和职业的内涵，激发他们在职业规划上的兴趣。

实践是检验知识真伪的唯一标准。只有通过参加社会实践，学生才能检验他们的职业规划是否合理。因此，高校需要为学生提供更多的实践机会，完善大学生实践能力培养的组织体系，注重学生社会实践能力的培养，把实践能力的培养放在重要的位置。在学校，各部门都应为培养学生实践能力做出应有的贡献，建立各部门广泛参与、相互协调的组织结构。学校还应与旅游部门密切配合，与旅游相关企业紧密合作，建立教育实习基地，为学生创造条件，确保学生可以了解和熟悉旅游专业背景，促进自身素质和专业技能的提升，及时检查和调整职业规划。

三、从社会方面出发，完善职业生涯规划教育制度

（一）利用网络媒体加强舆论宣传

目前，虽然就业岗位的稀缺和分配不均是一个不争的事实，但一些用人单位没有充分利用互联网等媒体的优势来宣传就业岗位情况也是客观存在的。网页中有大量没有及时更新的就业信息，这使得学生无法从这些网站中找到有效的信息。这进一步导致学生对外部职业环境的认识不足，对相关职业需求的认识不够清晰。社会应通过互联网、报纸等媒体加强对旅游专业职业规划的宣传，提高公众对旅游专业的认识和关注度。社会要建立专职辅助职业规划和教育的相关部门和机构，完善和规划现有部门和机构，加强专业化建设，提高服务水平。

（二）促进与旅游相关行业的合作

加强与旅游相关企业的合作，对高校旅游专业的发展具有十分重要的意义。高校职业生涯规划教育是一项涉及家庭和社会的系统工作。因此，除了政府的相关政策和资金支持外，还需要借助社会力量，鼓励和支持旅游企业的广泛参与。一方面，通过与相关企业的合作，可以解决学校实践课程建设资金不足的问题。旅游专业许多实际项目的开发需要社会资金的投入和支持。另一方面，加强与旅游相关产业的合作可以为学生提供更多的实践机会，使学生能够充分了解旅游业的工作内容，感受旅游行业的工作氛围，明确自己的学习目标和方向，从而选择自己喜欢的旅游相关行业，避免学生盲目就业。此外，旅游企业不仅可以节省招聘人员的成本，提升企业的整体素质，还可以通过发现潜在的大学生，为企业的人力资源资本做出一定的储备和积累。

（三）旅游管理部门积极配合，做好宏观调控的工作

旅游相关管理部门在其所在地区的旅游发展中发挥着宏观调控作用，在旅游人力资源规划中也发挥着重要作用。地方旅游管理部门应积极支持高校旅游专业建设，为高校旅游专业学生提供实习机会。积极发挥旅游行业与学校之间的桥梁作用，协调旅游院校与学生实习单位之间的关系。对于旅游企业而言，旅游专业本科生理论能力强，专业素质高，有利于企业文化的塑造，对促进旅游企业整体管理水平的提高具有一定的作用，对旅游企业未来的发展也有一定的贡献。目前我国旅游相关企业的从业人员整体学历不高，文化素质偏低，综合素质不高。选择和吸收旅游专业的高素质人才不仅可以为旅游企业注入新的活力，也有助于提高旅游从业人员的整体素质，增强旅游企业的核心竞争力。

（四）政府加强相关政策的制定与执行

政府应制定相关政策，为高校实施职业规划教育提供更广阔、更便捷的平台。积极推动学校与旅游行业的交流与合作，在旅游专业的职业规划和教育中促进学校与企业的密切配合，提高学生的技能。积极引导和促进旅游职业规划教育的良性发展，为旅游类专业大学毕业生就业创造更广阔的发展空间。

第十章　科学看待职业生涯成功

第一节　职业初期适应

对每个人来说，进入职场是人生道路上一个关键的转折点。实践证明，快速适应职业的人更容易获得用人单位的认可，更容易找到生活的新起点，更容易享受职业成功和幸福的喜悦，更容易找到自己的"职业锚"。因此，初入职场的个体一定要对职场有一个理性的认识，尽快适应新环境、新文化、新工作和新的人际关系，做好相应的角色转变。

职业适应又称工作适应，是指在认知和实践的基础上，为了适应职业生活的发展和变化，个体的思想、态度、习惯、行为和智力结构不断调整和改进。一般来说，职业适应包括角色适应、文化适应、工作适应、人际适应和环境适应五个维度。

一、角色适应

角色，原意指戏剧舞台上的人物。社会角色是指由人们特定的社会地位和身份所决定的一套规范和行为模式，它是具有特定地位的人对自己行为的一种期望，随着社会实践的发展而不断更新。社会角色包括三个要素：角色权利、角色义务和角色规范。不同的社会角色意味着不同的社会责任、不同的社会规范和不同的社会权利。

大学毕业生走出校门步入社会的过程是从"学校人"到"职业人"的转变，是由学生角色向职业角色的转换。学生角色与职业角色的区别在于：一个是接受教育、掌握技能、接受经济供给和经济资助，并逐步完善自我的过程；一个是用自己掌握的技能为社会做出贡献，通过自己的行为承担社会责任。

从学生角色到职业角色的转变是人生中最重要的转变之一。这种角色转变不是一夜之间完成的，而是一个过程。一般来说，进入角色包括以下过程：接受角色；表现出履行这一社会角色所必需的社会素质和能力；全身心地、本能地或积极地投入这种社会角色中去。

完成从"学校人"到"职业人"的转变，并非易事，甚至充满艰辛，需要大家在实践中不断摸索、感知与总结。一般而言，大学生快速实现角色转变必须做到以下几个方面：一是安心本职工作，甘于吃苦；二是放下架子，虚心学习；三是善于观察，勤于思考；四是勇于承担重任，乐于奉献。

二、文化适应

"优胜劣汰，适者生存"是大自然的法则。远古时代，我们的祖先为了生存，努力适应环境，所以存活下来了。现代社会，我们不再需要为了生存而苦苦挣扎，但是面临的社会环境和工作环境却变得越来越复杂。从学校到社会的转换，需要每一名毕业生努力去适应职场环境，尤其是职场文化。

大学文化与职场文化之间到底存在什么样的差别呢？有研究显示，大学文化与职场文化在时间安排、工作周期、工作任务、绩效考核、奖励机制等方面存在显著差别，如表 10-1 所示。

表 10-1 大学文化与职场文化的差别

大学文化	职场文化
长假和自由的节假休息 工作循环周期较短 教学大纲提供清晰的任务 要解决的问题常有标准答案 分数上的个人竞争 奖励以客观性标准和优点为基础 节奏比较缓和，压力较小	更固定的时间安排 不能随便缺勤 没有寒暑假，节假休息很少 工作循环时间长 任务模糊，不清晰 要解决的问题很少有标准答案 按团队业绩进行评估 奖励更多是以主观性标准和个人判断为基础 工作繁忙，经常需要加班加点

除了大学文化与职场文化存在巨大的差别以外，每个公司的企业文化也不尽相同，有的崇尚个性张扬，有的崇尚沉稳踏实。任何组织都不会轻易改变约定俗成的文化，成功人士会自我调节，让自己适应文化。因此，进入一

个新的组织，要想尽快融入，首先要了解企业文化，在了解的基础上进行自我调整，并不断探索出在组织中生存的法则。

成功融入企业文化往往比技术层面上取得的成就更重要，每个企业都有一定的用人标准，被录用的人员在智力、能力上相差无几，但对于企业文化的适应程度却不尽相同，很多人面临着"水土不服"的困境。适应企业文化，简单地说就是入乡随俗，"跟从"同事的工作方式，"模仿"上司的办事风格。这里的"跟从"和"模仿"并非盲目地效仿，也并非一味地追从，而是选择一种大家都认可的方式去工作。

三、工作适应

大学的学习生活与职场的工作生活之间同样存在着很大的差别。有学者对比了大学的学习过程与职场的学习过程，指出两者在学习内容、学习目的、学习方法等方面存在显著差别，如表 10-2 所示。

表 10-2　大学学习与职场学习的差别

大学的学习过程	职场的学习过程
抽象性、理论性的原则	具体的问题解决和决策制定
正规的、结构性的和抽象的学习，个人化的学习	以工作中发生的临时性事件和具体真实的生活为基础的分享性学习

正是由于大学的学习生活与职场的工作生活之间存在很大的差别，所以对于刚刚毕业的大学生来说，要尽快适应职场的工作要求。首先，要了解行业差别、工作性质。不同的工作需要不同的工作方法，随时调整自己、打破思维定式去适应工作的人，将会有更大的发展。工作场所不是家庭，也不是学校。工作场所意味着要求和标准，只有适应这些要求和标准才能实现快速发展。

四、人际适应

步入职场，毕业生面临的人际关系要远比在学校期间复杂，有学者以上司为例，对比了大学人际关系与职场人际关系的差别，指出老师与老板在工作要求、领导风格方面存在显著差别，如表 10-3 所示。

表 10-3　大学老师与职场上司的差别

你的老师	你的老板
鼓励讨论 规定完成任务的交付时间	通常对讨论不感兴趣 分派紧急的工作，交付周期很短
期待公平 知识导向	有时很独断，并不总是公平 结果导向

面对完全不同于学校的职场人际关系，大学毕业生要认识到，接受一份新工作，不仅是迈进一个新组织，更是走进一个新的人际关系圈。在没有摸清楚新组织中人际关系情况之前，不要轻易踏入别人已经形成的关系网，也不要试图去破坏别人已经形成的圈子，更不要倒向办公室"政治"的任何一边，以免踏入人际关系的漩涡。在新工作岗位中，尽量把姿态放低，恰当地运用礼貌和尊重赢得他人的好感，为融入组织奠定良好的基础。对于某些同事的言论，要学会保持沉默，凭借自己的智慧去独立观察和思考以鉴别言论的真伪。无论是对领导还是对同事，无论是喜欢还是厌恶，都不卑不亢，做到既相对独立又不脱离团队。对新的合作伙伴，无论职务是否高过自己，都不妨称呼其为老师，毕竟在这个组织中他们是前辈，他们对于处理人际关系也许有独到的见解值得自己借鉴。良好的人际关系有助于一个人脱颖而出，发挥自身的才智，实现自己的人生价值。

五、环境适应

在前面的表格中，我们罗列了职场环境与校园环境的迥异之处，而新人能做的就是用最短的时间去适应它。作为一个新人，要努力调整自己的心态，使自己尽快由"校园人"成长为"社会人"，用"职业人士"的标准来严格要求自己。在工作中，需要做到以下几点：

第一，对分配给自己的任何任务，要有主动负责的态度。只有主动负责，才能认真地去完成每一项任务，只有把每件任务完成，才能获得上司的持续性认可。

第二，不论是对上司还是对同事，都要抱着学习的态度。也许他们没有自己学历高，没有自己知识面广，或许还没自己能力强，但是他们有比自己丰富的经验，有你永远赶不上的资历，所以尊重他们，并向他们学习。即使不好自己的同事，也请记住不要得罪他！

第三，对周围的任何事都要有包容的心态。校园内人际关系是相对较为简单的，你的老师和同学都有一定的知识水平和文化涵养，他们会尽力去营造一个公平的氛围。但在社会里，利益的纠葛使人们之间的关系不太如人意，人与人之间的素质差异也很大。应该认识到这就是社会现实，要学会从别人身上发现亮点，用自己的行动来影响和改变他们。

第四，要对自己有十足的信心。也许自己工作的内容与大学所学的内容没有任何关系，但也请记住大学给了自己思考的视角和能力，给了自己各种类型的经验，这些可以帮助应付新的知识和技能。

总之，决定个体能否升职、能否获得更多的机会、能否涨工资的因素是他的个性、技能和经验。这些不仅在找工作的过程中非常重要，也决定了个体职业生涯的高度和广度。必须把握住每一个能学习、成长、拓展和进一步提升能力的机会，这些将保证职场竞争中保持领先的地位。更为重要的是，它们将帮助人建立与自己的职业之间更为深层次的联系——帮助人深刻理解什么才是"事业"，什么才是成功。

第二节 职业生涯成功的标准

职业生涯成功是个人实现职业生涯目标。职业生涯成功能使人产生自我实现感，从而促进个人素质的提高和潜能的发挥。一方面，长期以来，人们谈论到职业生涯成功都会认为是获得较高的工资和职务、较高的社会地位和声望，以至于社会上出现了这样的现象：人们盲目追求高学历、高收入、高职务，拼命挤入大城市、大公司工作。然而，从另一方面看，人们在取得高工资、高社会地位的同时，往往会背负沉重的压力，或者在生活等方面付出很高的代价。在获取成功后，却在其他方面背上了沉重的包袱，除了心理、生活上的代价之外，还有身体健康甚至是生命的代价。

人们忽略了职业生涯的二元性，即职业生涯包括客观和主观两方面。过分强调职业生涯的客观性或外在性，主要从职位、头衔和薪酬等看得见的方面的变动状况来定义职业生涯成功，而忽视了职业生涯的主观性或内在性；不考虑员工在职业生涯中获得的个人化的需求、理想和愿望的实现，这使得许多人的工作经历和对职业生涯的主观感受被排除在了职业生涯研究领域之外。

因此从职业生涯的二元性出发，评价职业生涯成功应从主观和客观两方面进行。

一、职业生涯成功的客观评价标准

在传统的职业生涯理论中，个体的职业经历只有具备了"进步""专业"和"稳定"等属性才能被称为职业生涯。因此，传统意义上的职业生涯就是一种客观的职业和组织中的晋升。例如，在律师职业领域，法学专业的学生沿着应届毕业生、法律专员、律师事务所初级成员、律师事务所高级成员、律师事务所合伙人的职业路径一路向上，就被视作是"成功"。

客观的职业生涯成功的好处在于它是可衡量、可证实的。客观的成功是由可验证的、可观察到的、通过专业经验获得的有价值的结果组成的。在目标层面上的事业成功包括带来优势和繁荣的资源和其他条件。有学者总结出职业生涯成功的客观评价标准有：

第一，地位和头衔（等级职位）；

第二，物质上的成功（财富、财产、赚钱能力）；

第三，社会声誉与尊重、声望、影响力；

第四，知识和技能；

第五，友谊和社交网络；

第六，健康与幸福。

大部分人认为，在每个国家和地区，这些指标都是非常重要的。它们的排列顺序会随着当地情况的不同而发生改变，但无论如何，地位和头衔都是最重要的评价标准之一，在每一种社会环境中都排在前面。

以上的六个指标之间存在着逻辑和功能上的联系，但因社会体系的不同，其相互联系的力度和持续性也会不一样。一般认为，当一个人拥有更高的地位和头衔时，他获得其他五种资源的可能性就会大大增加。

二、职业生涯成功的主观评价标准

客观的职业生涯成功，是庸俗的成功学标准。而更为重要的职业生涯成功则如生涯理论大师舒伯所言："成功不仅是一个社会的客观问题，也是一个人的主观问题。"职业成功的主观水平是一个人对自己职业发展结果的积极评价和认可，是个体对自己工作经验和工作结果的诠释。

与客观层面上的事业成功不同，主观的职业生涯成功只能通过个人的反省来识别，是个人化的心理感受。因为人们对职业有不同的期望，对金钱、地位、职位、工作和家庭平衡等基本东西有不同的价值观，所以他们对职业成功的定义也不同。

职业生涯成功的主观评价标准有：

第一，为自己的成就感到骄傲；

第二，内部工作满意度；

第三，自尊；

第四，对工作角色或机构的承诺；

第五，坚持相互关系；

第六，精神上的满足。

在这些指标中，工作或职业的满意度是最为重要的指标。但怎样才能达到工作和职业的满意，是一件因人而异的事情。

第三节　回归自我：追求内心的幸福感

职业生涯成功是我们每个人追求的目标。然而长期以来，无论在人们的观念还是学者们的研究中都主要是以职业生涯客观方面的成功，如高薪、高职务等作为职业成功的判断标准。事实上，职业生涯的主观方面，如个人对职业生涯的主观感受等也是非常重要的。

职业生涯规划似乎也变成了一种科学的程式。比如：态度+知识+技能＝生涯成功；自我认知+职业认知+人职匹配＝职业生涯管理。

实际上，我们都知道在这些程式中，每一个要素对我们而言都充满了变动性。我们能不能科学地认识自己？我们对职业环境的认知方式和结果是否科学客观？外在的环境是否顺意？这些都表明，职业生涯的成功在很大程度上依赖于一种"机缘"。这种"机缘"不是命运也不是运气，而是内在环境与外部环境的集合。所以，不管这个过程是否科学，得先倾听内心的声音。

生活的巨变和就业形势的艰难可能会导致个体产生绝望感，个体会感到无助或混乱。生存压力引发的焦虑和混乱会使生涯规划变得十分困难，甚至不可能实现。如果失业了或者就业不当，可能会感到沮丧、无精打采或者对未来无望。而这恰恰是重新审视自己内心的时候。有时候，正是这种混乱、心烦、不安的生活巨变，让你可以更加接近真实的自己，发现未知的自己，成就太多的不可能。

而对于职业成功，别人的看法是别人的，自己的感觉才是关系到自我生存、发展和延续的。所以，行业精英实际上只是一个"术"的概念，个体所要追求的是"道"的自我——"完整的人"。个体需要认知自己，认知世界，把握机缘，实现天人合一，此时幸福感或许会达到最高。

职业生涯的二元性决定了评价职业生涯成功应该同时考虑客观方面和主观方面的评价标准。深入了解职业生涯成功的评价标准及两者之间的相互影响关系，无论对于组织还是个人来说都有着非常重要的意义。

　　对于组织来说，为了稳定人才队伍，应更加注重员工的主观感受。组织可采取一些措施来增加员工对主观职业成功的感知，如：加强组织文化建设，培养员工的忠诚感；定期开展满意度调查，针对发现的问题及时做出处理；增加和员工的沟通，建立意见反馈机制；关心员工的生活和健康，实行员工援助计划等。只有这样才能做到激励员工，留住核心人才，提高组织竞争力。而对于员工个人来说，应树立正确的职业价值观，科学地看待自己的职业成功。避免仅从薪酬和地位等方面来看待职业成功，注重工作中的主观感受，保持好工作与家庭生活、身体健康等方面的平衡，才是真正的成功。

参考文献

［1］李金亮，杨芳，周欣. 大学生职业生涯规划［M］. 长沙：湖南教育出版社，2019.

［2］张晓蕊，马晓娣，岳志春. 大学生职业生涯规划［M］. 北京：北京理工大学出版社，2019.

［3］范东亚，谭荣. 大学生职业生涯规划与创新创业教育［M］. 重庆：重庆大学出版社，2019.

［4］李农. 大学生职业生涯规划适应能力研究［M］. 长春：吉林人民出版社，2019.

［5］李金亮，杨芳，周欣. 大学生职业生涯规划学生练习手册［M］. 长沙：湖南教育出版社，2019.

［6］周清，何独明. 大学生职业生涯规划与就业指导［M］. 北京：北京理工大学出版社，2019.

［7］何具海. 大学生职业生涯规划与就业指导［M］. 长春：吉林人民出版社，2019.

［8］蒋莹. 就业创业视角下的大学生职业生涯规划［M］. 延吉：延边大学出版社，2019.

［9］张军波，吕春玉. 艺术类大学生职业生涯规划与就业指导实训手册［M］. 济南：山东人民出版社，2019.

［10］鲁玉桃. 点亮未来：大学生职业生涯规划与就业指导［M］. 镇江：江苏大学出版社，2019.

［11］陈彩彦，兰冬蓉. 大学生职业生涯规划［M］. 北京：航空工业出版社，2018.

［12］王炼，苏斌. 大学生职业生涯规划［M］. 成都：四川大学出版

社，2018.

[13] 王兆明，顾坤华. 大学生职业生涯规划 [M]. 苏州：苏州大学出版社，2018.

[14] 吕明，张小嵩. 大学生职业生涯规划 [M]. 西安：西北大学出版社，2018.

[15] 刘梅月，王斌. 大学生职业生涯规划与发展 [M]. 济南：山东人民出版社，2018.

[16] 郭帆，崔正华. 大学生职业生涯规划与就业指导 [M]. 南京：东南大学出版社，2018.

[17] 于洋，霍素彦. 大学生职业生涯规划与心理健康研究 [M]. 北京/西安：世界图书出版公司，2018.

[18] 简冬秋，许继勇. 大学生职业生涯规划与就业指导 [M]. 镇江：江苏大学出版社，2018.

[19] 刘玉升. 大学生职业生涯规划与就业指导 [M]. 苏州：苏州大学出版社，2018.

[20] 张卿，王孝胜. 大学生职业生涯规划与就业指导 [M]. 西安：西北工业大学出版社，2018.

[21] 李可依，毛可斌，朱余洁. 大学生职业生涯规划 [M]. 上海：上海交通大学出版社，2017.

[22] 张林，布俊峰，石兆俊. 大学生职业生涯规划 [M]. 成都：电子科技大学出版社，2017.

[23] 敖四，张娜. 大学生职业生涯规划 [M]. 武汉：武汉大学出版社，2017.

[24] 余凯，曹新宇. 大学生职业生涯规划 [M]. 南昌：江西高校出版社，2017.

[25] 李培山. 大学生职业生涯规划与就业 [M]. 大连：辽宁师范大学出版社，2017.

[26] 许勤，周焕月. 大学生职业生涯规划与发展 [M]. 西安：西安交通大学出版社，2017.

[27] 文武，舒卫华，刘登邦. 大学生职业生涯规划与发展 [M]. 武汉：华中科技大学出版社，2017.

[28] 甘英，黄娟. 大学生职业生涯规划教程 [M]. 长春：东北师范大学出版社，2017.

［29］陈姗姗. 大学生职业生涯规划与就业创业指导 ［M］. 重庆：重庆大学出版社，2017.

［30］林佩静，刘荣. 大学生职业生涯规划与就业创业指导 ［M］. 西安：西安电子科技大学出版社，2017.

［31］王坚，周国忠. 旅游类大学生职业规划与就业创业指导 ［M］. 上海：上海交通大学出版社，2017.

［32］周书云，陈健. 旅游业概况 ［M］. 广州：广东高等教育出版社，2017.